交通运输企业安全生产标准化评价实施细则

2018

水路普通货物运输企业
安全生产标准化评价实施细则

本书编写组 编
交通运输部安全委员会办公室 审定

人民交通出版社股份有限公司
China Communications Press Co.,Ltd.

内 容 提 要

本书详细介绍了水路普通货物运输企业安全生产标准化评价办法,适合水路普通货物运输企业安全生产管理人员学习使用,也可供水路普通货物运输企业安全生产标准化评审员学习参考。

图书在版编目(CIP)数据

水路普通货物运输企业安全生产标准化评价实施细则/《水路普通货物运输企业安全生产标准化评价实施细则》编写组编.—北京:人民交通出版社股份有限公司,2019.4

ISBN 978-7-114-15121-7

Ⅰ.①水… Ⅱ.①水… Ⅲ.①水路运输—货物运输—交通运输企业—安全生产—标准化管理—中国 Ⅳ.①F552.6

中国版本图书馆 CIP 数据核字(2019)第 037702 号

Shuilu Putong Huowu Yunshu Qiye Anquan Shengchan Biaozhunhua Pingjia Shishi Xize

书　　名:**水路普通货物运输企业安全生产标准化评价实施细则**
著 作 者:本书编写组
责任编辑:刘　博　刘　洋
责任校对:尹　静
责任印制:张　凯
出版发行:人民交通出版社股份有限公司
地　　址:(100011)北京市朝阳区安定门外外馆斜街 3 号
网　　址:http://www.ccpress.com.cn
销售电话:(010)59757973
总 经 销:人民交通出版社股份有限公司发行部
经　　销:各地新华书店
印　　刷:北京印匠彩色印刷有限公司
开　　本:787 × 1092　1/16
印　　张:11.75
字　　数:200 千
版　　次:2019 年 4 月　第 1 版
印　　次:2019 年 4 月　第 1 次印刷
书　　号:ISBN 978-7-114-15121-7
定　　价:40.00 元

丛书编委会

技术支持

中国船级社

交通运输部水运科学研究院

北京市交通委员会

中交第四公路工程局有限公司

北京中平科学技术院

前　言 QIANYAN

交通运输安全生产是我国安全生产的重要组成部分，与经济社会健康发展和人民群众获得感、幸福感、安全感息息相关。在建设安全便捷、畅通高效、绿色智能的现代综合交通运输体系过程中，交通运输行业必须始终牢固树立以人民为中心的发展理念，始终将安全工作放在首位，坚持改革创新，坚持安全发展，进一步增强做好安全工作的责任感、使命感和紧迫感，采取切实有效的工作措施，筑牢安全生产防线，确保交通运输事业发展长治久安。

6年来，交通运输行业积极推进企业安全生产标准化建设，取得了一系列成效：一是明确界定了企业落实安全生产主体责任的内涵和要求，让大家知道安全生产管什么、怎么管、达到什么要求，推动企业安全生产工作逐步规范，事故发生率持续下降，显著提升了行业安全生产水平。二是强化了行业管理部门安全监管工作，丰富了安全监管手段，增强了安全监管工作的针对性，为部门实施安全生产分类指导、分级监管提供重要依据。三是为管理部门监督检查工作提供了相关标准和清单，推动实现精细化、清单化监管。

为进一步加强和推进交通运输行业安全生产标准化建设工作，交通运输部2016年7月26日发布了《交通运输企业安全生产标准化建设评价管理办法》(交安监发〔2016〕133号)，进一步优化完善了企业安全生产标准化建设工作机制；2018年5月1日起，相继颁布了《交通运输企业安全生产标准化建设基本规范》一系列行业标准，将原考评指标上升为行业规范，有效提升了标准化建设工作的科学性、专业性和指导性。为做好新标准的实施，我们组织标准起草单位和专家编制了系列标准的实施细则和汽车租赁、巡游出租汽车、港口罐区和港口理货仓储等领域的安全生产标准化建设试行细则。

本书由王秀涛担任主编，黄文伟、李仕红担任副主编，敖波、李鹏、张以、赵远航、姚静涛、安玉林、赵颖参与编写。

新编制的《水路普通货物运输企业安全生产标准化评价实施细则》力求科学严谨、精准精细、便于操作，但由于编写安排进度较紧，难免出现一些错误和问题，希望大家积极批评指正，为交通运输企业安全生产标准化建设基本规范和实施细则的优化、完善贡献力量，持续推进行业安全发展，为交通强国建设保驾护航！

编委会

2018 年 11 月

目　录 MULU

第一章　水路普通货物运输企业安全生产标准化评价实施细则

评价类目	评价项目	释义	评价方法	标准分值	评价标准	得分
一、目标与考核(30分)	①企业应结合实际制定安全生产目标。安全生产目标应： a.符合或严于相关法律法规的要求； b.形成文件，并得到本企业所有从业人员的贯彻和实施； c.与企业的职业安全健康风险相适应； d.具有可考核性，体现企业持续改进的承诺； e.便于企业员工及相关方获得。	安全生产目标，是在一定条件下，一定时间内完成安全活动所达到的某一预期日的的指标。安全生产目标的制定应切合企业实际，要求内容明确、具体、量化，有时限性。 安全生产目标应以文件形式正式发布，使全体员工和相关方获知	**查资料：** 1.安全生产目标； 2.发布安全生产目标的文件； 3.贯彻和实施安全生产目标的相关资料。 **询问：** 抽查企业员工至少3人，询问其是否了解本企业安全生产目标。 **现场检查：** 安全生产目标是否充分公开，便于企业员工及相关方获得	5 ★★★	1.应制定符合要求的安全生产目标； 2.安全生产目标应正式发布、贯彻和实施； 3.企业员工应了解安全生产目标； 4.安全生产目标应充分公开，便于员工及相关方获得	

续上表

评价类目	评价项目	释义	评价方法	标准分值	评价标准	得分
一、目标与考核(30分)	应根据安全目标制定可测量的安全生产工作指标,可测量指标包括:火灾爆炸、环境污染、人身伤害等水上交通事故,船舶滞留率,设备设施完好率等内容					
	②企业应根据安全生产目标制定可考核的安全生产工作指标,指标应不低于上级下达的目标	量化的安全生产指标,又称控制指标。对安全生产目标进行量化,使其更具体化、更有针对性,便于企业发展对安全生产目标的实施、考核和统计。企业制定的指标应不低于上级有关部门下达的安全考核指标,并且符合法律法规的要求	**查资料:** 1. 查发布安全生产工作指标的文件,指标应可考核; 2. 查上级单位下达的安全生产目标	5	1. 未制定可考核的安全生产工作指标,不得分; 2. 制定的指标低于上级单位下达的安全生产目标,不得分; 3. 制定的安全工作指标不合理、与企业实际情况不符,每处扣1分	

续上表

评价类目	评价项目	释义	评价方法	标准分值	评价标准	得分
一、目标与考核(30分)	③企业应制定实现安全生产目标和工作指标的措施	企业安全生产工作目标明确后，要有一系列的措施来保证安全生产目标的实现。措施的制定应该具体、责任明确。 措施一般包括：完善安全管理机构，明确安全生产责任，资金保障，建立安全生产制度体系，安全教育与培训，设备设施维护应急训练与演习等	**查资料：** 查实现安全生产目标和工作指标的措施文件	5	1. 未制定实现安全生产目标和工作指标的措施，扣5分； 2. 制定的措施不具体、不可行或责任不明确，每项扣1分	
	④企业应制定安全生产年度计划和专项活动方案，并严格执行	企业应根据规划逐年推进安全生产工作的进步，特别是要针对某些突出的安全生产问题和隐患，通过制定年度计划和年度专项活动方案，进一步细化工作，使其更具有针对性和操作性，包括：指导思想、活动主题、组织机构、工作目标、时间节点与具体活动内容等	**查资料：** 1. 查安全生产年度计划和专项活动方案； 2. 查安全生产年度计划和专项活动方案执行的相关记录和总结材料等	5	1. 未制定安全生产年度计划，扣3分； 2. 未制定安全生产专项活动方案，扣2分； 3. 执行安全生产年度计划和方案的记录和总结材料不完整，每项扣1分	

续上表

评价类目	评价项目	释义	评价方法	标准分值	评价标准	得分
一、目标与考核(30分)	⑤企业应将安全生产工作指标进行细化和分解，制定阶段性的安全生产控制指标，并予以考核	企业要结合实际，按照组织结构及下属单位在安全生产中可能面临的风险大小，将企业年度的安全生产目标转化成阶段性的安全生产控制指标，并逐级细化分解，落实到每个单位、部门、班组和岗位。通过对指标进行考核，以激励全体职工的积极性，从而保证指标的完成	**查资料：** 1. 查细化和分解后的安全生产工作指标，应根据企业实际情况进行细化并分解到各基层单位、部门和岗位； 2. 查企业制定的阶段性安全生产控制指标； 3. 查各项指标的考核记录	5	1. 未细化和分解安全生产工作指标，扣2分； 2. 安全生产工作指标细化和分解不合理、不符合企业实际情况或不完善，每处扣1分； 3. 未制定阶段性的安全生产控制指标，扣1分； 4. 未对指标完成情况进行考核或考核不完整不合理的，每项扣1分	

续上表

评价类目	评价项目	释义	评价方法	标准分值	评价标准	得分
一、目标与考核(30分)	⑥企业应建立安全生产目标考核与奖惩的相关制度,并定期对安全生产目标完成情况予以考核与奖惩	考核奖惩是提升安全管理最有效方法之一,目的是激励约束、奖优罚劣,企业要制定相应的规章制度或管理办法,明确考核与奖惩的程序和要求。 制度应当明确考核、奖惩的对象,考核的时限,考核的程序与方法,考核的具体内容,奖惩条件等,并要明确考核的责任部门,保证考核和奖惩工作的实施,安全生产考核与奖惩要规范、合理、有效实施。 企业要根据安全生产目标考核与奖惩制度的规定,对所有安全生产部门和岗位目标完成情况进行考核,重点考核企业安全生产主要负责人(项目负责人),定期一般分为月度跟踪、季度分析、半年检查和年度考核,并奖惩兑现	**查资料:** 1. 查安全生产目标考核与奖惩管理规定; 2. 查目标考核记录文件; 3. 查奖惩兑现证明材料	5	1. 未制定安全生产目标与奖惩管理规定,扣2分; 2. 制定的安全生产目标与奖惩制度内容不完善,扣1~2分; 3. 未进行考核或奖惩的,扣3分	

续上表

评价类目	评价项目		释义	评价方法	标准分值	评价标准	得分
二、管理机构和人员(35分)	1.安全生产管理机构	①企业应建立以企业主要负责人为领导的安全生产委员会(或安全生产领导小组),并应职责明确。应建立健全从安全生产委员会(或安全生产领导小组)至基层班组的安全生产管理网络	安全生产委员会(或安全生产领导小组)是企业安全生产管理的最高决策机构,应由企业安全生产第一责任人、分管领导与有关部门人员组成	**查资料:** 1.企业成立安全生产委员会,下属各分支机构成立安全生产领导小组的文件,安全生产委员会职责明确; 2.企业安全生产管理网络图	10 ★★	1.应成立安全生产委员会(或安全生产领导小组); 2.应明确安全生产委员会(或安全生产领导小组)职责; 3.应编制安全生产管理网络图,且安全管理网络图应全面覆盖基层班组	
		②企业应按规定设置与企业规模相适应的安全生产管理机构	安全生产管理机构是企业内部设置的对安全生产工作进行综合协调和监督的综合管理部门。 水路运输企业应根据《中华人民共和国安全生产法》的规定:从业人员超过100人的,应当设置安全生产管理机构或者配备专职安全生产管理人员;从业人员在100人以下的,应当配备专职或者兼职的安全生产管理人员。各省区市安全生产有特别规定的,从其规定	**查资料:** 1.设置安全生产管理机构或者配备专职安全生产管理人员的文件; 2.设置的安全生产管理机构或配备专职安全生产管理人员应与企业规模相适应; 3.安全生产管理机构或配备专职安全生产管理人员职责/工作制度等文件	5 ★★★	1.应按规定设置安全生产管理机构或配备专职安全生产管理人员; 2.设置的安全生产管理机构或配备专职安全生产管理人员应与企业规模相适应; 3.应明确安全生产管理机构或专职安全生产管理人员职责	

续上表

评价类目	评价项目		释　义	评价方法	标准分值	评价标准	得分
二、管理机构和人员(35分)	1.安全生产管理机构	③企业应定期召开安全生产委员会或安全生产领导小组会议。安全生产管理机构或下属分支机构每月至少召开一次安全工作例会	安全生产委员会会议,每季度至少召开一次,研究解决安全生产中的重大问题,安排阶段性安全生产工作。 安全工作例会,每月至少召开一次,主要是落实安全生产委员会会议的会议决定,总结上一阶段的各项安全生产工作完成情况,传达上级对安全生产的指令、文件精神及安全生产相关措施,对安全工作进行部署、对从业人员进行安全思想教育等。各分支机构和部门汇报安全生产情况和存在的问题	**查资料:** 1.安全工作例会制度; 2.安全生产委员会会议资料,包括会议通知、会议签到表、会议记录、会议纪要等; 3.安全生产管理机构召开安全工作例会的资料,包括会议通知、会议签到表、会议记录等	5 AR	1.未制定安全工作例会制度,扣1.5分; 2.安全工作例会制度不完善、内容不全面,扣0.5分; 3.未定期召开安全工作例会,缺一次扣1分; 4.无安全生产委员会会议记录、会议纪要、签到表等,每缺1项扣0.5分	

续上表

评价类目	评价项目		释义	评价方法	标准分值	评价标准	得分
二、管理机构和人员(35分)	2. 安全管理人员	①企业应按规定配备专(兼)职安全生产和应急管理人员	安全生产管理人员是指生产经营单位中从事安全生产管理工作的专职或兼职人员。 落实企业应急管理主体责任,需要企业在内部机构设置和人员配备上予以充分保障。应急管理机构的规模、人员结构、专业技能等,应根据不同企业的实际情况和特点确定。并应对应急管理人员进行必要的培训演练,使其适应工作需要。对于规模较小的企业,必须指定兼职的安全生产应急管理人员。专(兼)职应急管理人员应能够承担企业日常的应急管理工作,并在企业发生事故时具有相应的事故响应和处置能力	**查资料:** 1. 任命专(兼)职安全生产管理人员和应急管理人员的文件; 2. 行业对安全生产管理人员/应急管理人员配备要求的文件	10 ★★★	1. 应配备专(兼)职安全生产管理人员和应急管理人员; 2. 安全生产管理人员和应急管理人员的配备应满足行业要求的	

续上表

评价类目	评价项目		释　　义	评价方法	标准分值	评价标准	得分
二、管理机构和人员(35分)	2.安全管理人员	②企业的主要负责人和安全生产管理人员应具备与本企业所从事的生产经营活动相适应的安全生产和职业卫生知识与能力,并保持安全生产管理人员的相对稳定	企业的主要负责人和安全生产管理人员必须具备与本企业所从事的生产经营活动相适应的安全生产和职业卫生知识与能力,同时具有领导安全生产管理工作和处理安全生产事故的能力	**查资料:** 1.企业主要负责人和安全生产管理人员岗位任职能力要求; 2.安全管理岗位能力评价、培训及考核记录; 3.安全生产管理人员劳动合同	5	1.未制定安全岗位任职能力要求,扣3分; 2.安全管理岗位能力评价、培训、考核,记录不全,每项扣1分; 3.安全生产管理人员劳动合同期限未满足1年期以上的,每人扣2分	

续上表

评价类目	评价项目		释义	评价方法	标准分值	评价标准	得分
三、安全责任体系(40分)	1.健全责任制	①企业应建立安全生产责任制,明确安全生产委员会(或安全生产领导小组)、安全生产管理机构、各职能部门、生产基层单位的安全生产职责,层层签订安全生产责任书,并落实到位	《中华人民共和国安全生产法》第四条规定:生产经营单位必须遵守本法和其他有关安全生产的法律、法规,加强安全生产管理,建立、健全安全生产责任制和安全生产规章制度,改善安全生产条件,推进安全生产标准化建设,提高安全生产水平,确保安全生产。 安全生产责任制是企业安全生产的核心,是安全生产管理的源头。安全生产责任制应明确规定企业领导层、管理人员及所有从业人员、各管理部门、各级单位、岗位对安全生产应负的责任、权利和义务。企业的安全生产责任制应覆盖企业的所有方面,通过文件或有关规定发布,层层签订安全生产责任制,明确全体人员的安全生产责任	**查资料:** 1. 企业组织机构、各部门、岗位职责文件; 2. 安全生产委员会任命及职责规定文件; 3. 抽查安全生产管理机构、主要职能部门、基层单位、重要岗位安全生产责任书。 **询问:** 重要安全生产管理人员、岗位员工至少3人是否清楚各自安全生产职责、责任书签订情况	10 AR	1. 未制定部门和岗位职责,不得分;缺少1个部门扣3分;缺少1个岗位扣1分; 2. 未签订安全生产责任书,不得分;缺1份,扣1分; 3. 员工不明确自身安全职责,每人次扣1分	

续上表

评价类目	评价项目		释　义	评价方法	标准分值	评价标准	得分
三、安全责任体系(40分)	1.健全责任制	②企业主要负责人或实际控制人是本企业安全生产第一责任人,对本企业安全生产工作全面负责,负全面组织领导、管理责任和法律责任,并履行安全生产的责任和义务	企业安全生产第一责任人一般为企业总经理或总裁,根据安全生产法相关规定,生产经营单位的主要负责人对本单位的安全生产工作全面负责。 生产经营单位的主要负责人对本单位安全生产工作负有下列职责: 1.建立、健全本单位安全生产责任制; 2.组织制定本单位安全生产规章制度和操作规程; 3.保证本单位安全生产投入的有效实施; 4.督促、检查本单位的安全生产工作,及时消除生产安全事故隐患; 5.组织制定并实施本单位的生产安全事故应急救援预案; 6.及时、如实报告生产安全事故; 7.组织制定并实施本单位安全生产教育和培训计划	**查资料:** 1.核查企业营业执照、经营资质等材料,确定企业主要负责人或实际控制人; 2.安全生产责任制文件。 **询问:** 主要负责人或实际控制人是否明确应承担的安全生产责任	5 ★★★	1.主要负责人或实际控制人职责应符合法规要求; 2.主要负责人或实际控制人应熟知其安全责任	

续上表

评价类目	评价项目		释义	评价方法	标准分值	评价标准	得分
三、安全责任体系(40分)	1.健全责任制	③分管安全生产的企业负责人是安全生产的重要负责人,应协助企业安全生产第一责任人落实各项安全生产法律法规、标准,统筹协调和综合管理企业的安全生产工作,对本企业安全生产负重要管理责任	安全生产分管负责人为企业任命或指派,协助主要负责人落实各项安全生产法律法规、标准规范等,统筹协调和综合管理企业的安全生产工作,对企业安全生产工作负综合管理领导责任,可以是企业总经理,分管安全生产的副总经理等	**查资料:** 查安全生产分管负责人的任命或职责分工文件。 **询问:** 1. 安全生产分管负责人应承担的职责、履职情况; 2. 跟踪检查相关履职证据	5	1. 未明确安全生产分管负责人,不得分;相关职责不充分、不明确,扣2分; 2. 安全生产分管负责人不清楚相应职责,不得分;未履行职责,每项扣2分;相关履职证据不充分,每项扣1分	
		④其他负责人及员工实行"一岗双责",对业务范围内的安全生产工作负责	企业实行安全生产"一岗双责",是指不仅要对所在岗位承担的具体业务工作负责,还要对所在岗位相应的安全生产负责	**查资料:** 企业岗位职责文件。 **询问:** 抽查管理、现场操作等岗位人员不少于3人,询问各自岗位职责	10	1. 未明确岗位分工、职责的,不得分; 2. 一岗双责体现不合理、不充分,每岗扣2分; 3. 各部门或岗位职责不清的,每处扣1分; 4. 管理、现场操作人员不熟悉一岗双责,每人次扣2分	

续上表

评价类目	评价项目		释义	评价方法	标准分值	评价标准	得分
三、安全责任体系(40分)	2. 责任制考评	企业应根据安全生产责任进行定期考核和奖惩,并公布考评结果和奖惩情况	企业应建立安全责任考核机制,制定安全生产责任考核制度。建立以岗位安全绩效考核为重点,以落实岗位安全责任为主线,以杜绝岗位安全责任事故为目标的全员安全生产责任考核办法。加大安全生产责任在员工绩效工资、晋级、评先评优等考核中的权重,重大责任事项实行“一票否决”。对各级管理部门、管理人员及从业人员安全职责的履行情况和安全生产责任制的实现情况进行定期考核,予以奖惩	**查资料:** 开展安全生产责任制考核、奖惩相关的文件;奖惩兑现记录、文件等	10 ★	1. 未开展安全责任制考核,不得分;考核不合理、不全面等,每项扣2分; 2. 未依据考核结果进行奖惩,扣5分; 3. 未公布考核结果和奖惩情况,扣3分	

续上表

评价类目	评价项目		释义	评价方法	标准分值	评价标准	得分
四、资质、法律法规与安全生产管理制度（60分）	1.资质	企业的《企业法人营业执照》资质证书应合法有效，经营范围应符合要求	企业应按照《中华人民共和国公司登记管理条例》管辖规定开展工商登记；各类资质证书中的名称、法人等一致；处于有效期内；按照规定通过年度审验。 企业应在核准的工商登记和资质许可范围开展合法的经营活动	**查资料：** 核查《企业法人营业执照》《水路运输许可证》等原件。 **现场检查：** 企业实际经营范围	5 ★★★	1. 企业应具备合法有效的营业执照、经营许可证、资质证书及法律规定的其他经营许可证书，按规定通过年度审验； 2. 企业应在获准的经营资质许可范围内开展经营活动	
	2.法律法规及标准规范	①企业应制定及时识别、获取适用的安全生产法律法规、规范标准及其他要求的管理制度，明确责任部门，建立清单和文本（或电子）档案，并定期发布	企业应及时识别和获取本企业适用的安全生产法律法规、标准规范，并跟踪、掌握有关法律法规、标准规范的修订情况	**查资料：** 1. 企业管理制度文件； 2. 适用的法律法规、标准及其他要求的清单、文本（或电子）档案、台账或数据库等； 3. 法规清单（或文本）定期更新并发布的记录	5	1. 未建立识别和获取适用的安全生产法律法规、标准及其他要求的管理制度的，扣2分；未明确责任部门，扣2分；未明确获取渠道或方式等，缺少1项扣1分； 2. 未建立法规清单和文本档案的，扣3分；存在遗漏、不适用、过期、失效等的，每项扣1分； 3. 未及时发布的，扣2分	

续上表

评价类目	评价项目		释义	评价方法	标准分值	评价标准	得分
四、资质、法律法规与安全生产管理制度(60分)	2.法律法规及标准规范	②企业应及时对从业人员进行适用的安全生产法律法规、规范标准宣贯,并根据法规标准和相关要求及时制修订本企业安全生产管理制度	企业应将安全生产法律法规、标准规范及相关要求,及时转化为本单位的规章制度,并贯彻到各项工作中	**查资料:** 1. 培训或宣贯记录; 2. 企业安全生产管理制度文件及制修订记录	5	1. 未开展法律法规培训或宣贯,每项扣1分; 2. 制度未体现适用的法规要求、未及时修订等,每项扣1分	
	3.安全管理制度	①企业应制定安全生产与职业卫生管理制度;至少应包含以下内容:安全生产责任制;法律法规、标准及其他要求的识别与获取管理;安全生产工作会议;安全生产费用管理;安全生产奖惩;安全检查;安全生产隐患排查治理;风险管理;事故报告、调查、处理;	安全生产管理制度,是企业依据国家有关法律、法规、标准,结合安全生产工作实际,以企业名义起草颁发的有关安全生产的规范性文件。 企业是安全生产的责任主体,建立健全安全管理制度是企业的法定责任,是规范从业人员的生产作业行为,保证生产经营活动安全、顺利进行的重要手段。《中华人民共和国安全生产法》规定:企业应制定	**查资料:** 企业安全生产与职业卫生管理规章制度文件,至少应包括: (1)安全生产责任制;(2)安全生产例会制度;(3)文件和档案管理制度;(4)安全生产费用提取和使用管理制度;(5)设施、设备、货物安全管理制度;(6)安全生产培训	5	1. 安全生产与职业卫生管理制度每缺一项,扣2分(其他评价内容中已有的不重复扣分;名称不要求一样,但内容应涵盖); 2. 管理制度内容不完善、未明确责任部门、职责、工作要求等内容的,每项扣1分; 3. 管理制度的编制、审批和签发过程,未按规定进行的,每项扣1分	

续上表

评价类目	评价项目		释　义	评价方法	标准分值	评价标准	得分
四、资质、法律法规与安全生产管理制度(60分)	3.安全管理制度	船员管理;培训教育;船舶值班;船岸安全检查;船舶和设备管理;船舶物料管理;船舶备件及工属具管理;船舶危险品管理;消防管理;应急管理;相关方管理;职业健康管理;劳动防护用品管理;变更管理;文件和档案管理	健全的安全生产管理制度,规范从业人员的安全行为,并将制度发放到有关的工作岗位	和教育学习制度;(7)安全生产监督检查制度;(8)事故统计报告制度;(9)安全生产奖惩制度			
		②企业制定的安全生产管理制度应符合国家现行的法律法规的要求	安全生产管理制度,是企业依据国家有关法律、法规、标准,结合安全生产工作实际,以企业名义起草颁发的有关安全生产的规范性文件	**查资料:** 企业安全生产管理规章制度与相应法律法规标准规范的符合性	5	规章制度与法规要求不符,每处扣1分	
		③企业应组织从业人员进行安全生产管理制度的学习和培训	企业应组织从业人员进行安全生产管理制度的学习、培训或宣贯,使其了解相关的制度要求	**查资料:** 查阅管理制度发放、相关的培训、会议、宣贯等记录、资料	5	1. 未开展管理制度培训、学习、交流或宣贯,每缺1项扣1分; 2. 管理制度发放不到位,每1项扣1分	

续上表

评价类目	评价项目		释义	评价方法	标准分值	评价标准	得分
四、资质、法律法规与安全生产管理制度（60分）	4. 操作规程	①企业应制定各岗位操作规程，操作规程应满足国家和行业相关标准规范的要求。至少应包括以下内容：调度；船舶防风、防台、防冻；交通密集水域、危险航道、狭水道航行；船舶过闸；能见度不良航行；船舶进出港；船舶靠离泊、锚泊；海图作业；船舶主要设备操作规程；船舶主要设备维修；加装油操作；船舶拖带、转驳操作；压载水操作；船舶防污染；登高、舷外作业；软梯、桥板、安全网操作；进入密闭舱室作业；集装箱卸载及绑扎作业（适用时）；冷藏箱运输作业（适用时）	安全操作规程，是指在生产活动中，为消除能导致人身伤亡或造成设备、财产损失以及危害环境的因素而制定的具体技术要求和实施程序的统一规定。 企业应根据生产特点，组织制定岗位安全操作规程，发放到相关岗位，保证其有效实施。操作规程中应明确：操作前的检查及准备工作的程序和方法，操作中严禁的行为，必需的操作步骤和操作方法，操作注意事项，正确使用劳动防护用品的要求，出现异常情况时的应急措施	**查资料：** 1. 岗位安全生产操作规程； 2. 抽查安全生产关键岗位安全生产操作规程能否满足相关的国家和行业标准规范的要求； 3. 核查操作规程是否符合企业实际情况	5 ★★★	1. 应制定现场作业岗位操作规程，操作规程应符合相关标准规范要求，并符合企业实际状况； 2. 操作规程应包含安全作业相关要求	

续上表

评价类目	评价项目		释义	评价方法	标准分值	评价标准	得分
四、资质、法律法规与安全生产管理制度（60分）	4.操作规程	②企业应在新技术、新材料、新工艺、新设备设施投产或投用前，组织编制相应的操作规程，保证其适用性	生产经营单位采用新工艺、新技术、新材料或者使用新设备，必须了解、掌握其安全技术特性，采取有效的安全防护措施，根据实际状况编制相应的操作规程，并保证其适用性	**现场检查结合询问：** 企业新技术、新材料、新工艺、新设备设施投产或使用情况。 **查资料：** “四新”相关的操作规程，评价其符合性、适用性	5	1. 未编制或未在“四新”投产投用前编制相应操作规程，每个扣2分； 2. 操作规程存在不符合、不适用的，每处扣1分； 3. 操作规程未包含安全作业相关要求，缺1个扣1分	
		③企业应及时将操作规程发放到相关岗位，组织对从业人员进行操作规程的培训	岗位安全操作规程应以纸质版形式发放到岗位人员，宜将规程的主要内容制成目视化看板、展板等放置在作业现场，并组织岗位安全操作规程的培训教育。新员工、转复岗人员、“四新”作业人员到岗位作业前，进行岗位安全操作规程的培训教育后方可上岗，其他岗位作业人员应定期进行安全操作规程的再教育，以确保每个岗位作业人员熟悉并执行本岗位安全操作规程	**查资料：** 查岗位安全操作规程的发放记录；学习培训记录。 **现场检查：** 现场操作重点岗位是否配备相应的岗位操作规程。 **询问：** 抽查现场作业重点岗位人员不少于3人，询问其是否熟悉本岗位操作规程	5	1. 未及时发放或发放不到位的，每个岗位扣2分； 2. 未开展岗位操作规程培训学习的，每人次1分； 3. 重要岗位操作人员不熟悉岗位操作规程的，每人次扣2分	

续上表

评价类目	评价项目		释义	评价方法	标准分值	评价标准	得分
四、资质、法律法规与安全生产管理制度（60分）	5. 修订	企业应定期对安全管理制度和操作规程进行评审，并根据评审结论及时进行修订，确保其有效性、适应性和符合性。在发生以下情况时，应及时对相关的管理制度或操作规程进行评审、修订： ①国家相关法律、法规、规程、标准废止、修订或新颁布； ②企业归属、体制、规模发生重大变化； ③生产设施新建、改建、扩建规模，作业环境已发生重大改变； ④设备设施发生变更；	任何制度都要经历一个从建立到不断完善的过程，任何制度的内容和形式都需要根据企业经营的变化而不断废止和更新。及时修订企业规章制度有助于规范化管理企业，是企业各项工作正常有效开展的基础，是企业健康有序发展的有力保障，是提高工作效率和工作质量，降低业务运作风险的重要管理手段。对制度的有效性、适宜性、充分性进行不断的评审与更新，是企业不可忽视的工作	**现场检查结合询问：** 了解是否发生需要修订制度或规程的情况。 **查资料：** 对安全生产管理制度和操作规程进行有效性、实用性、符合性评审和修订的相关记录	5	1. 未对管理制度、操作规程定期进行有效性、符合性评审，导致不满足法律法规要求的，每个扣3分； 2. 未及时开展修订，每个扣1分	

续上表

评价类目	评价项目		释义	评价方法	标准分值	评价标准	得分
四、资质、法律法规与安全生产管理制度(60分)	5. 修订	⑤作业工艺、危险有害特性发生变化; ⑥政府相关行政部门提出整改意见; ⑦安全评价、风险评估、体系认证、分析事故原因、安全检查发现涉及规章制度、操作规程的问题; ⑧其他相关事项					
	6. 制度执行及档案管理	①企业每年至少1次对安全生产法律法规、标准规范、规章制度、操作规程的执行情况进行检查	企业每年至少1次组织对安全生产法律法规、标准规范、规章制度、操作规程的执行情况进行检查	**查资料:** 1. 对适用的安全生产法律、法规、标准、规章制度、操作规程的执行情况进行检查或评价的记录、报告等; 2. 对检查评价出的不符合项进行原因分析,制定相应纠正措施并组织实施的记录或证据资料	5	1. 未开展法规符合性检查或评价的,不得分,检查内容不齐全不完善的,每项扣1分; 2. 对检查或评价出的不符合项未进行原因分析的,每项扣1分; 3. 未制定纠正措施,或纠正措施不落实,每项扣1分	

续上表

评价类目	评价项目		释义	评价方法	标准分值	评价标准	得分
四、资质、法律法规与安全生产管理制度(60分)	6.制度执行及档案管理	②企业应建立和完善各类台账和档案,并按要求及时报送有关资料和信息	企业应建立主要安全生产过程、检查的安全记录档案,并加强对安全记录的有效管理	**查资料:** 1.安全生产过程的各类记录、台账和档案等; 2.企业按要求报送的有关信息和资料	5 AR	1.未按照法律法规要求建立台账和档案的,每项扣0.5分; 2.记录台账等保存不完善,每缺1项扣0.5分; 3.未及时报送有关资料和信息,每次扣0.5分	
五、安全投入(40分)	1.资金投入	①企业应按规定足额提取(列支)安全生产费用	根据《中华人民共和国安全生产法》第二十条的规定,生产经营单位应当具备的安全生产条件所必需的资金投入,由生产经营单位的决策机构、主要负责人或者个人经营的投资人予以保证,并对由于安全生产所必需的资金投入不足导致的后果承担责任。有关生产经营单位应当按照规定提取和使用安全生产费用,专门用于改善安全生产条件。安全生产费用在成本中据实列支。提取标准应符合《企业安全生产费用提取和使用管理办法》	**查资料:** 1.安全生产费用管理制度; 2.安全生产费用台账; 3.财务安全生产费用列支记录	15 ★★	1.应有安全生产费用管理制度,制度中应包含职责、提取比例、使用范围、过程管理、监督检查等内容; 2.安全生产费用提取比例应满足规定要求	

续上表

评价类目	评价项目		释义	评价方法	标准分值	评价标准	得分
五、安全投入(40分)	1.资金投入	②安全生产经费应专款专用,企业应保证安全生产投入的有效实施	《企业安全生产费用提取和使用管理办法》规定,企业提取的安全费用应当专户核算,按规定范围安排使用,不得挤占、挪用。年度结余资金结转下年度使用,当年计提安全费用不足的,超出部分按正常成本费用渠道列支	**查资料:** 1. 安全生产费用管理制度; 2. 安全生产费用台账; 3. 安全生产费用使用原始票据。 **询问:** 询问至少3人关于安全管理部门和财务管理部门对安全生产费用的使用情况	10	1. 未明确责任部门或专人负责安全生产费用管理的,扣2分; 2. 未按规定范围使用安全生产费用(超范围使用或挪用),每项扣2分	
		③企业应及时投入满足安全生产条件的所需资金	《中华人民共和国安全生产法》第二十条规定,生产经营单位应当具备的安全生产条件所必需的资金投入,由生产经营单位的决策机构、主要负责人或者个人经营的投资人予以保证,并对由于安全生产所必需的资金投入不足导致的后果承担责任。	**查资料:** 1. 安全生产费用使用计划; 2. 安全生产费用台账。 **询问**(至少3人): 1. 安全生产费用管理部门对安全生产费用使用情况;	5 AR	1. 未制定安全生产费用使用计划的,扣1分; 2. 安全生产费用使用计划内容缺失的,每缺1个方面扣0.5分;	

续上表

评价类目	评价项目		释义	评价方法	标准分值	评价标准	得分
五、安全投入(40分)	1.资金投入		《企业安全生产费用提取和使用管理办法》第二十六条规定,在本办法规定的使用范围内,企业应当将安全费用优先用于满足安全生产监督管理部门、煤矿安全监察机构以及行业主管部门对企业安全生产提出的整改措施或者达到安全生产标准所需的支出。 《企业安全生产费用提取和使用管理办法》第三十二条规定,企业应当加强安全费用管理,编制年度安全费用提取和使用计划,纳入企业财务预算	2. 生产管理部门对安全生产费用使用情况。 **现场检查:** 国家法律法规、标准规范要求的安全防护设备设施、劳动防护用品、人员设置、应急等配备及投入情况		3. 未按照法律法规、标准规范要求和监管部门提出的安全措施进行投入的,每项扣0.5分	

续上表

评价类目	评价项目		释　义	评价方法	标准分值	评价标准	得分
五、安全投入(40分)	2.费用管理	①企业应建立安全生产费用台账	《企业安全生产费用提取和使用管理办法》第三十六条规定,企业未按本办法提取和使用安全费用的,安全生产监督管理部门、煤矿安全监察机构和行业主管部门会同财政部门责令其限期改正,并依照相关法律法规进行处理、处罚。 为有效地管理安全生产专项经费的使用,保证专款专用,企业应建立安全费用使用台账,一方面便于管理部门的监督管理,另一方面有利于安全生产投入的统计分析,为以后该项费用的提取及管理使用提供参考依据,更有效地改善安全生产条件	**查资料:** 1.安全生产费用台账; 2.财务支出证明或相关证明材料	5	1.未建立安全生产费用台账,不得分; 2.安全生产费用提取和使用台账、使用凭证不一致的,每项扣1分; 3.财务系统或报表中未完整体现安全费用提取、使用、结余等归类统计管理的,扣2分	

续上表

评价类目	评价项目		释义	评价方法	标准分值	评价标准	得分
五、安全投入(40分)	2.费用管理	②企业应跟踪、监督安全生产费用使用情况。企业安全生产费用应按照“企业提取、政府监管、确保需要、规范使用”的原则进行管理，安全生产费用应按照以下范围使用： a. 完善、改造和维护安全防护设施设备支出(不含“三同时”要求初期投入的安全设施)，包括交通运输设施设备和装卸工具安全状况检测及维护系统、运输设施设备和装卸工具附属安全设备等支出； b. 配备、维护应急救援器材、设备支出和应急演练支出；	《企业安全生产费用提取和使用管理办法》第三十五条规定，各级财政部门、安全生产监督管理部门、煤矿安全监察机构和有关行业主管部门依法对企业安全费用提取、使用和管理进行监督检查。 企业应依据使用范围定期对安全生产费用使用情况进行监督检查，确保专款专用	**查资料：** 安全生产专项经费使用情况的监督检查(或审计)记录	5	1. 企业未规定定期对安全生产费用使用情况进行监督检查的，扣2分； 2. 企业无安全生产费用监督检查记录的，每缺少1次扣1分	

续上表

评价类目	评价项目		释　义	评价方法	标准分值	评价标准	得分
五、安全投入(40分)	2. 费用管理	c. 开展重大危险源和事故隐患评估、监控和整改支出； d. 安全生产检查、评价(不包括新建、改建、扩建项目安全评价)、咨询和标准化建设支出； e. 配备和更新现场作业人员安全防护用品支出； f. 安全生产宣传、教育、培训支出； g. 安全生产适用的新技术、新标准、新工艺、新装备的推广应用支出； h. 安全设施及特种设备检测检验支出； i. 其他与安全生产直接相关的支出					

续上表

评价类目	评价项目		释　　义	评价方法	标准分值	评价标准	得分
六、设备设施（145分）	1.设备设施的建设与维护	①船舶建造和修理符合国际公约、法规和规范，各类证书齐全、有效	企业应制定船舶建造和修理管理制度，明确相关责任，明确船舶建造和修理的计划或合同、实施、监造或监修、检查验收等过程。 船舶应通过中国海事部门认可的船舶检验机构的法定检验（包括建造检验、初次检验、特别检验、中间年度检验和临时检验等）。建造检验，初次检验，特别检验，中间年度检验，临时检验证书和《船舶检验证书簿》主要证书［船舶吨位证书船舶载重线证书、船舶适航证书、船舶防止油污证书、船舶散装运输危险化学品适装证书、船舶散装运输液化气体适装证书（适用时）等］要齐全有效。 船舶建造和修理应符合法定检验规范	**查资料：** 1. 船舶建造和修理管理制度； 2. 各类船舶证书、检验检测机构报告，船舶建造和修理过程文件； 3. 船舶证书、证照管理制度	15 ★★★	1. 应建立船舶建造和修理管理制度，内容可操作； 2. 船舶建造和修理应取得认可机构检验检测证书或报告； 3. 应建立船舶证书证照管理制度，船舶各类证书应齐全、有效	

续上表

评价类目	评价项目		释义	评价方法	标准分值	评价标准	得分
六、设备设施(145分)	1.设备设施的建设与维护	②制定设备设施、电气线路、消防设施维护制度，按规定定期维护，特种设备定期进行检测检验，确保设施设备技术状况良好	企业应依据有关法律法规规范、设备设施安全操作说明和行业特殊要求，制定船舶设备设施、电气线路、消防设施维护制度，明确船体和船上设备设施维护责任人、如何制定年度季度或月度定期维护计划、维护频次或时间要求、维护标准以及相应检查要求等。 企业应按照维护制度制定船舶设备设施定期维护计划，并印发有关部门、船舶和岗位。 企业应按照船舶设备设施定期维护计划组织实施，加强对设备设施维护情况检查，确保维护达到标准要求，船舶设施设备技术状态良好。	**查资料：** 1. 船舶设备设施维护制度； 2. 船舶设备设施定期维护计划； 3. 维护计划、记录； 4. 船、岸特种设备检测、检验报告。 **现场检查：** 设备设施状态可用	15	1. 未制定船舶设备设施维护制度，扣10分，制度不符合公约、规范要求，1处扣1分； 2. 未制定船舶设备设施定期维护计划，扣5分，未印发到有关部门、船舶和岗位，扣2分； 3. 未按计划对设备设施进行维护，扣2分，有关维护、检查台账记录不完整，扣2分，未保存有计划、图纸、说明书等资料，扣2分； 4. 船、岸未保存特种设备检测、检验报告，扣5分； 5. 船舶设备设施未保持可用状态，1处扣2分	

续上表

评价类目	评价项目		释　　义	评价方法	标准分值	评价标准	得分
六、设备设施(145分)	1.设备设施的建设与维护		企业应建立完善的设备设施维护和检查台账，保存有关图纸、说明书等资料档案。 特种设备是各种设备中技术性最为复杂和用途最为特殊的，需要较高的安全性能和操作技术，经常或者定期对特种设备进行检测检验，是保证特种设备性能良好、运行正常的重要措施。船舶锅炉、空气瓶、CO_2钢瓶、装卸货物金属软管均属特种设备，应由船舶检验机构等专业资质的机构定期进行检测、检验。企业和船舶应保存特种设备检测、检验报告				

续上表

评价类目	评价项目		释　　义	评价方法	标准分值	评价标准	得分
六、设备设施（145分）	1. 设备设施的建设与维护	③标识船舶关键性设备（至少包括主机、发电机和船舶电站、舵机、锚机、消防救生设备、防污设备等）并定期检测或效用试验，各项记录齐全	企业应制定船舶关键性设备标识管理制度，明确标识船舶关键性设备的责任人、标识方式和内容（如颜色、警示牌、警示语、操作注意事项）、相应维护须知以及备用或非连续使用设备的定期检测或效用试验等。 企业按规定对船舶关键性设备进行了标识，并定期检测或效用试验。已标识的关键性设备一般包括但不限于遥控装置、主机、发电机、舵机、锚机、锅炉、消防系统和设备、救生设备、航行仪器、助航设备、防污设备和器材、堵漏设备和器材、液货系统、应急报警系统等。 有关关键性设备标识、维护、检查、定期检测或效用试验记录齐全	**查资料：** 1. 船舶关键性设备标识管理制度； 2. 关键性设备的维护、检查、定期检测或效用试验须知及执行情况； 3. 有关标识、维护和检查检测记录	10 AR	1. 未制定船舶关键性设备标识管理制度，扣2分，设备标识制度不完善，每项扣1分； 2. 未制定关键性设备的维护、检查、定期检测或效用试验须知，少1项扣1分； 3. 未按规定定期对关键性设备进行维护、检测或效用试验，少1处扣1分	

续上表

评价类目	评价项目		释义	评价方法	标准分值	评价标准	得分
六、设备设施(145分)	1.设备设施的建设与维护	④按船检规范保持应急通道通畅,标识清晰	应急通道是船舶发生紧急情况时,船员能够及时逃生的快速出口。船上所有应急通道的设置应符合船体设计建造规范规定,不得随意改变。 企业应为船舶所有应急通道设立专门标识,标识要保持清晰、易见和醒目(夜间安全标识要保证有灯照或反光)。 船舶应保持所有应急通道的畅通,无堆放杂物,通道门无锁死或封闭现象	**现场检查:** 1.船舶已按规定要求设置应急通道,无随意改动; 2.应急通道标识清晰,夜间清晰易见; 3.船舶所有应急通道畅通无阻	10	1.未按规定设置应急通道,扣10分; 2.应急通道标识不清晰,每处扣2分; 3.船舶应急通道存在障碍,每处扣2分; 4.应急通道上照明不符合要求,每处扣2分	
		⑤适用时,设置覆盖安全重点部位的视频监控设备,并保持实时监控	视频监控由摄像、传输、控制、显示、记录登记五大部分组成,是安全防范系统的重要组成部分。 本条所称"重点部位"是指易发安全生产事故的场所,所称"实时监控"是指视频监控系统能正常运转,对生产经营活动进行不间断监控,发现情况及时通报处理,并做好相关记录	**查资料:** 1.覆盖安全重点部位的视频监控设备配置情况; 2.监控数据保存情况。 **现场检查:** 设置的视频监控设备完好情况	5	适用时: 1.未设置安全重点部位视频监控设备,扣5分; 2.监控范围未覆盖所有重点部位或图像不清晰,1处扣1分; 3.视频监控设备未保持24h实时监控和自动记录,1处扣1分	

续上表

评价类目	评价项目		释义	评价方法	标准分值	评价标准	得分
六、设备设施(145分)	1.设备设施的建设与维护	⑥船舶设备设施管理资料、船舶技术资料、图纸应齐全,记录完整	船舶技术资料、图纸一般包括船舶建造全套图纸及技术文件资料,船舶各项设备装备图纸及技术文件资料(合格证、说明书、操作使用手册等)和检验证书,船舶进口设备装备的图纸及技术文件资料(合格证、说明书、操作使用手册等),船厂产品合格证书与检验证书等。企业应建立船舶技术资料、图纸台账管理制度,明确责任人、船舶技术资料和图纸台账内容、登记、检查、借阅、保存与废止等规定,内容完整,措施具体可操作。 企业应严格按照制度要求,加强对船舶技术资料、图纸台账的管理,确保船舶技术资料、图纸齐全有效,台账记录完整	**查资料:** 1. 船舶技术资料、图纸台账管理制度; 2. 船舶档案,岸、船按规定对船舶技术资料和图纸进行登记记录; 3. 有关登记、检查台账记录,船舶技术资料、图纸台账等档案; 4. 实行一船一档,实现船舶从购置(建造)到退出市场的全过程管理记录	5 ★★	1. 应建立船舶技术资料、图纸台账管理制度,责任明确,内容全面,措施具体; 2. 岸、船按规定对船舶技术资料和图纸进行登记管理,编号保存,检索方便,登记内容与实物相符; 3. 有关登记、检查台账记录,船舶技术资料、图纸台账等档案完整、无丢失、无破损; 4. 实行一船一档,能实现船舶从购置(建造)到退出市场的全过程管理	

续上表

评价类目	评价项目		释义	评价方法	标准分值	评价标准	得分
六、设备设施(145分)	2.安全防护设施设备管理	①应按规定配足有效的安全、消防、救生和环境保护设施设备及器材	企业应建立安全防护、消防、救生和环境保护设施设备及器材管理制度,涵盖计划编制、采购、管理、检测检查等。 按船舶检验机构的规范和规定配齐、配足消防用品、救生设备、推拖设备、与运输的危险货物性质相适应的安全防护用具(包括空气呼吸器、防毒面具、测氧仪等)和环境保护设备及器材。 企业应认真落实安全、消防、救生和环境保护设施设备及器材管理制度,对安全防护设施、安全消防系统和环境保护设备及器材分类登记管理,定期检测,确保设备及器材有效	**查资料:** 1. 船舶安全防护、消防、防污染设施设备配置资料; 2. 船舶所装危险货物的产品技术说明书或货物性能资料(适用时); 3. 各种安全防护手册。 **现场检查:** 1. 安全防护、消防、防污染设施设备有效; 2. 安全防护设施设备的使用说明应在公共场所予以展示	10 AR	1. 未编制安全、消防、救生和保护设施设备及器材管理制度,每项扣3分; 2. 现场船舶未配足安全、消防、救生和防污染设施设备,每项扣1分; 3. 安全防护、消防、救生和防污染设施设备超过有效期,每项扣1分; 4. 安全防护设施设备及器材的使用说明未在公共场所予以展示,每项扣1分	

续上表

评价类目	评价项目		释义	评价方法	标准分值	评价标准	得分
六、设备设施(145分)	2.安全防护设施设备管理	②各类安全、消防、救生和环境保护设施设备标识清晰,指定专人管理,并进行定期检测、检验,记录完整	船舶各消防、救生和环境保护等安全设施设备均属船舶关键性设备,企业和船舶应根据船舶关键性设备标识管理制度,对各消防、救生和环境保护等安全设施设备进行标识,保持标识清晰、醒目。 企业应按照维护须知要求,对船舶各消防、救生和环境保护等安全设施设备的维护明确专人管理,定期进行检测检验,并按规定进行检查,确保维护到位,使设备保持良好的使用状态。 企业应按要求开展安全防护设备设施的检测检验,保持相关记录证据	**查资料及现场检查:** 1.企业对各船舶消防、救生和环境保护等安全设施设备按规定标识清晰、醒目; 2.明确各种安全防护设备设施的管理维护和定期检测检验负责人情况; 3.有关设备维护、定期检测检验和检查记录。 **询问:** 抽查3名设备维护、操作人员熟悉设备维护和检测检验要求情况	10	1.未对船舶消防、救生和环境保护等安全设施设备按规定标识,扣5分,标识不清晰、不醒目,每处扣2分; 2.未明确安全防护设备设施的管理维护和定期检测检验负责人,扣2分; 3.设备维护、定期检测检验和检查记录不完整的,每处扣1分; 4.人员不熟悉设备维护和检测要求,每人扣1分	

续上表

评价类目	评价项目		释义	评价方法	标准分值	评价标准	得分
六、设备设施(145分)	2.安全防护设施设备管理	③船舶各类通道、作业平台应保持通畅,防护设施完善	船舶应保持所有通道的畅通,无堆放杂物,通道门无锁死或封闭现象。 作业平台应保持畅通,防护设施完善	**现场检查:** 通道、作业平台的通畅情况,防护设施完好情况	5	船舶各类通道、作业平台未保持通畅,或防护设施不完善,一处扣1分	
		④船舶防雷及接地设施应完好	企业应根据法规要求开展防雷及接地工作	**查资料:** 船舶防雷及接地开展情况。 **现场检查:** 船舶防雷及接地完好情况	5	1.未按要求开展船舶防雷及接地设施,扣5分; 2.防雷及接地设施不能正常使用,1处扣1分	
		⑤船长150m以上的散货船应配备经船舶检验机构认可的装载仪,并按要求使用	船长150m以上的散货船应配备经相关单位认可的船舶检验机构的法定检验的装载仪,并按要求使用	**查资料及现场检查:** 1.各船舶按要求配备认可的配载仪情况; 2.配载仪操作须知; 3.配载仪维护保养、定期检查记录。 **询问**(至少3人): 有关人员对设备维护和检测检验要求的熟悉情况	5	1.船长150m以上船舶未配备经认可的配载仪,扣5分; 2.配载仪无相应的证书、使用说明书等,扣1分; 3.未编制配载仪操作须知,扣2分,内容不完整,扣1分; 4.有关人员,不熟悉配载仪操作,1人次扣1分; 5.无配载仪维护、定期检查记录,扣2分,记录不完整,扣1分	

续上表

评价类目	评价项目		释义	评价方法	标准分值	评价标准	得分
六、设备设施(145分)	2.安全防护设施设备管理	⑥适用时,船舶应装备经船舶检验机构认可的进水报警和遥控排水装置,按规定进行检查、检验和维护,并定期对该设备进行测试,保证正常可用	国际海事组织(IMO)已批准在散货船上安装进水报警器的规定。该规定的具体要求是对500t以上的船,不管是什么时间建造的,都必须安装进水报警器,即每个货舱、压载舱、干货舱或空舱都安装进水报警器。 企业应建立进水报警和遥控排水装置检查、检验和维护制度,明确责任人、检查、检验和维护等要求。认真执行进水报警和遥控排水装置检查、检验和维护制度,定期对该设备进行测试,保证正常可用	**查资料及现场检查:** 1.船舶按规定装备经进水报警和遥控排水装置情况; 2.进水报警和遥控排水装置检查、检验和保养制度; 3.进水报警和遥控排水装置检查、检验和保养记录; 4.进水报警和遥控排水装置完好状况	5	1.船舶未按规定配备认可的进水报警和遥控排水装置,扣5分; 2.未编制进水报警和遥控排水装置管理使用制度,扣3分,内容不完整,扣1分; 3.无进水报警和遥控排水装置维护、检查、定期测试记录,扣3分,记录不完整,扣1分; 4.进水报警和遥控排水装置不可用,扣5分	

续上表

评价类目	评价项目		释义	评价方法	标准分值	评价标准	得分
六、设备设施(145分)	2.安全防护设施设备管理	⑦船舶应按船检规范要求装备经船舶检验机构认可的报警装置,按规定进行检查、检验和维护,并定期对该设备进行测试,保证正常可用	船检规范要求船舶应装备经船舶检验机构认可的报警装置	**查资料及现场检查:** 1.船舶按规定配备报警装置情况; 2.报警装置完好可用情况,对报警装置进行检查、检验和维护情况	5	1.船舶未按规范要求配备经船舶检验机构认可的报警装置,扣5分; 2.船舶未按规定对报警装置进行检查、检验和维护或报警功能失效,扣3~5分	
	3.通导设备管理	按规定为船舶配备雷达、卫星定位系统、甚高频、船舶自动识别系统、罗经等通航辅助设备,并确保工作正常,维护及检查记录完整	企业按有关法规规范要求为船舶配备雷达、卫星定位系统、甚高频(VHF)、船舶自动识别系统(AIS)、罗经等通航辅助设备。 企业和船舶应按照通航辅助设备维护规定,加强维护、检测检验和检查,确保以上设备随时处于正常工作状态,有关维护、检测检验和检查记录完整	**查资料及现场检查:** 1.船舶配备需要的通导辅助设备,配备的通导辅助设备情况及通导设备完好可用情况; 2.明确通导辅助设备的管理维护和定期检测检验负责人情况; 3.有关设备维护、定期检测检验和检查记录	5	1.未按规定为船舶配备需要的通导辅助设备,扣5分; 2.配备的通导辅助设备状态不良、不能立即可用,1项扣1分; 3.未明确通导辅助设备的管理维护和定期检测检验负责人,扣2分; 4.有关设备维护、定期检测检验和检查记录不完整,扣1分	

续上表

评价类目	评价项目		释义	评价方法	标准分值	评价标准	得分
六、设备设施（145分）	4.备件物料工属具管理	制定船舶备件、物料、工属具管理制度，船舶易耗常用备件、物料配备齐全，并进行检查维护和及时补充	企业常用备件、物料是指燃料（轻油、重油、NGO等），润滑油，备件（每船必须配备的备件包括主柴油机备件、独立驱动的空气压缩机备件、泵的备件、轴系备件等），物料（工具、电工物料、生产物料、清洁物品及化学药品等）。 企业应建立常用备件、物料、工属具管理制度，明确相应责任人，涵盖采购计划、客户品牌招标选择、采购、入库登记、领用、更换、报废等规定。船舶物料要与说明书、合格证、证书等核对，严防三无产品供船。 企业制定的常用备件、物料、工属具管理制度，一般还需明确最低库存量和如何对常用备件、物料、工属具进行维护检查和更新补充等要求。船舶应建立常用备件、物料、工属具登记与使用清单，有关维护检查和更新补充记录完整清晰	**查资料及现场检查：** 1.备件、物料、工属具配备管理制度； 2.备件、物料、工属具登记与使用清单； 3.船舶常用备件、物料、工属具配备情况，库存数量满足最低配备要求情况； 4.有关备件、物料、工属具维护检查和更新补充记录	5	1.船舶未建立备件、物料、工属具配备管理制度（包括：点存、申请、购买、验收、消耗环节，审批和供应时效的要求），扣3分，制度不完善，扣1分； 2.船舶不能出具备件、物料、工属具登记与使用清单或清单登记与实物不一致，扣2分； 3.船舶常用备件、物料、工属具配备不齐全，库存数量不能满足最低配备要求，扣2分； 4.无有关备件、物料、工属具维护检查和更新补充记录或记录不完整，扣1分，船舶备件、物料、工属具未按规定存放或标识，扣2分	

续上表

评价类目	评价项目		释　义	评价方法	标准分值	评价标准	得分
六、设备设施(145分)	5. 电气安全管理	船舶电气安全配置应符合船检规范,并保持完好	企业应按照国家相关法律、法规、规范制定船舶电气安全管理制度,明确船舶各类电器设备管理职责、维护和定期检测检验检查等要求。严格执行电气安全管理规定,完善设备操作规程,建立有相应检查、维护和更新报废台账	**查资料及现场检查:** 1. 电气设备安全管理制度和操作规程; 2. 船舶电气设备配备齐全,状态良好; 3. 有关电气设备维护、检验检测和检查台账记录	10	1. 未制定船舶电气设备安全管理制度和操作规程,扣5分; 2. 管理制度或操作规程内容不完善,不具操作性,每项扣1分; 3. 船舶电气设备配备不齐全,不处于可用状态,每项扣1分; 4. 查船舶电气设备维护、检验检测和检查台账记录,不完整,扣1分	
	6. 消防、救生和防污染设施设备管理	①船舶应按船检规范配备消防、救生和防污染设施设备	船舶消防、救生和防污染设施设备配备应符合船检规范规定,不得随意改变。 企业应制定消防、救生和防污染设施设备的维护管理规定,并按要求定期进行检查、检验和维护,保存相关的记录	**查资料及现场检查:** 1. 消防、救生和防污染设施设备的配备及完好情况; 2. 消防、救生和防污染设施设备标识情况	5	1. 消防、救生和防污染设施设备配备不符合船检规范,扣5分; 2. 消防、救生和防污染设施设备配备不齐全,状态不良,标识不清晰,1处扣1分	

续上表

评价类目	评价项目		释义	评价方法	标准分值	评价标准	得分
六、设备设施（145分）	6.消防、救生和防污染设施设备管理	②建立使用、维护管理制度，按规定进行检查、检验和维护，保存相关记录，保证正常可用	企业应制定消防、救生和防污染设施设备的维护管理规定，按要求定期进行检查、检验和维护，保存相关的记录	**查资料：** 1. 消防、救生和防污染设施设备的维护管理规定； 2. 船检证书、检验报告，检查、检验和维护记录。 **现场检查：** 消防、救生和防污染设施设备的完好情况	5	1. 未建立消防、救生和防污染设施设备使用、维护管理制度，扣3分； 2. 船检证书、检测报告过期，1处扣1分； 3. 未按规定对相关设施设备进行维护和管理，1处扣1分	
		③消防、救生和防污染设施设备布置应与船舶防火控制图等法定文件和证书的要求保持一致	船舶消防、救生和防污染设施设备布置、防火控制图符合船检要求；不得随意改动。 证书与船检要求保持一致	**查资料：** 1. 防火控制图等法定文件； 2. 船检证书。 **现场检查：** 消防、救生和防污染设施设备布置与防火控制图等法定文件和证书的一致性	5	1. 消防、救生和防污染设施设备布置、防火控制图不符合船检要求，扣5分； 2. 消防、救生和防污染设施设备改动后，未按规定申请检验的，扣3分； 3. 消防、救生和防污染设施设备布置未与防火控制图等法定文件和证书保持一致，消防、救生和防污染设施设备处于不可用状态，每项扣1分	

续上表

评价类目	评价项目		释义	评价方法	标准分值	评价标准	得分
六、设备设施(145分)	6.消防、救生和防污染设施设备管理	④应定期开展效用试验	企业应按船检要求编制定期开展效用试验的计划,效用试验大纲;保存相关要用试验的记录	**查资料:** 1.效用试验计划; 2.效用试验大纲; 3.效用试验记录。 **现场检查:** 消防、救生、防污染设备的齐全和功能完好性	5	1.未编制效用试验计划、试验大纲,扣5分; 2.现场消防、救生、防污染设备效用试验记录不完整,功能欠缺,不可用,每项扣1分	
七、科技创新与信息化(55分)	1.科技创新及应用	①应使用先进的、安全性能可靠的新技术、新工艺、新设备和新材料,优先选购安全、高效、节能的先进设备	为增强企业安全保障能力,企业在新建、改建、购买船舶时应优先选择使用先进、安全性能可靠的新技术、新工艺、新设备和新材料;在配备、升级船用设施设备时,要优先选购安全、高效、节能的先进设备	**查资料:** 查相关制度,是否明确统计使用新技术、新工艺、新设备和新材料的职能部门。 **现场检查:** 1.是否使用新技术、新工艺、新设备和新材料等先进设备;	10	1.新建、改建、购买的船舶使用的技术、工艺、设备和材料未能满足新规范要求,扣5分; 2.查台账记录和相关设备资料,新建、改建、修理船舶时未优先选购安全、高效、节能的先进设备,所使用的设备未能满足新规范要求,扣2分;	

续上表

评价类目	评价项目		释义	评价方法	标准分值	评价标准	得分
七、科技创新与信息化(55分)	1.科技创新及应用			2. 现场查验,是否存在未及时淘汰更换严重老化、危及生产安全的设施设备		3. 未及时淘汰更换严重老化、危及生产安全的设施设备(关注石棉),扣2分; 4. 未明确统计使用新技术、新工艺、新设备和新材料的职能部门,扣2分; 5. 设施设备淘汰更换台账记录不完整,扣1分	
		②组织开展安全生产科技攻关或课题研究	科技攻关项目,一般泛指是国民经济社会各领域,各行业在发展中需要的创新的科技项目,这类科技项目代表着发展的方向目标范围,并且技术难度、关键性,重要性比较高,都需要集中力量攻克。科技攻关项目立项一般涉及专业性,整套项目程序和环节十分严密。科技攻关项目的工作环节一般有技术应用,评价分析,试验鉴定,实践效果,总结备案等工作过程	**查资料:** 1. 台账和档案文件,未根据管理实际开展科技攻关项目或课题研究; 2. 查安全生产科技攻关或课题研究成果(如外部评审或获奖证书、专利证书等) **现场检查:** 组织开展安全生产科技攻关项目或课题研究在实际生产中得到运用,并效果明显	10	1. 未根据管理实际开展科技攻关项目或课题研究,扣10分(注项目时间,初评应在近3年内,复评应在换证周期内,项目应通过上级公司及以上外部评审或有获奖证书、专利证书); 2. 无科技攻关项目或课题研究报告,扣5分; 3. 科技攻关项目或课题研究的成果未在安全生产实际中运用,扣3分	

续上表

评价类目	评价项目		释义	评价方法	标准分值	评价标准	得分
七、科技创新与信息化(55分)	1. 科技创新及应用	③设有安全生产管理系统或平台,包括但不限于下述系统: 船舶机务管理系统、船舶备件物料管理系统、船员管理系统、船舶安全检查信息管理系统、船舶缺陷及隐患管理系统、船舶航次管理系统	系统是由一些相互联系、相互制约的若干组成部分结合而成的、具有特定功能的一个有机整体(集合)。系统具有三种属性:由若干要素(部分)组成;有一定的结构;有一定的功能,或者说系统要有一定的目的性。 平台指安全生产管理的环境或条件,本指标中特指企业管理的信息化平台	**查资料:** 1. 企业建立安全生产管理系统或平台可行性报告,是否对安全管理有效提升; 2. 安全生产管理系统或平台验收报告,是否达到预期效果。 **现场检查:** 安全生产管理系统或平台,包括但不限于下述系统:船舶机务管理系统、船舶备件物料管理系统、船员管理系统、船舶安全检查信息管理系统(外部检查)、船舶航次管理系统等是否对安全生产活动进行有效管理	10	1. 未建立安全生产管理系统或平台,扣10分; 2. 安全生产管理系统或平台不能够对前述括号中的安全生产活动进行有效管理,每项扣2分	

续上表

评价类目	评价项目		释义	评价方法	标准分值	评价标准	得分
七、科技创新与信息化(55分)	1.科技创新及应用	④采用现代科技手段,提升安全管理水平,包含但不限于:电子海图(电子航道图)、卫星定位系统、远程视频监控等	现代科技手段是指以计算机技术、网络技术、数据库技术、通信技术等为主体的信息技术和智能化工具,例如使用卫星定位系统、船舶自动识别系统(AIS)、电子海图、远程视频监控等现代科技手段为船岸提供实时详细信息,以便企业及时跟踪掌握船舶实时动态和船舶关键性设备的工作状态等	**现场检查:** 1.船舶现场是否安装使用卫星定位系统、AIS、电子海图、远程视频监控等现代科技手段建立安全生产辅助管理系统; 2.船舶现场是否安装使用卫星定位系统、AIS、电子海图、远程视频监控等设备设施能否正常使用	10 AR	1.未使用卫星定位系统、AIS、电子海图、远程视频监控等现代科技手段建立安全生产辅助管理系统,扣10分; 2.建立的安全生产辅助管理系统不能正常使用,1处扣1分; 3.对船舶的安全状态不能监控和掌握,扣1分,不能及时为船舶安全航行提供岸基支持,扣2分	

续上表

评价类目	评价项目		释　义	评价方法	标准分值	评价标准	得分
七、科技创新与信息化(55分)	2. 科技信息化	①设有电子显示设备	船上配有电子显示设备,如气象显示仪、电磁罗经、测深仪、电子海图、货舱液位/温度电子显示、油温控制报警显示、船舶火灾烟雾报警区域显示、船舶封闭处所视频监控显示、主机工况显示等	**现场检查:** 1. 船舶按规范要求配备电子显示设备(如气象显示仪、电磁罗经、测深仪、电子海图、货舱液位/温度电子显示、油温控制报警显示、船舶火灾烟雾报警区域显示、船舶封闭处所视频监控显示、主机工况显示等); 2. 船舶按规范要求配备电子显示设备状态是否完好	5 ★	1. 船舶未配备电子显示设备(如电子海图、AIS、雷达等),扣5分; 2. 没有电子显示设备的使用记录台账,扣2分	

续上表

评价类目	评价项目		释义	评价方法	标准分值	评价标准	得分
七、科技创新与信息化(55分)	2.科技信息化	②根据企业实际情况设置其他安全生产监管信息系统,确保船舶安全航行。包括但不限于下述系统: 值班管理系统、安全风险分级管控系统、事故隐患排查治理信息系统(公司检查/船舶自查)、投诉管理系统、检查或督查管理系统	企业(包括船舶)还应设有包括值班、投诉、办理、督查、记录警报等其他的安全监管信息系统,至少配备一套公司到船舶的安全生产管理和指挥系统。安全生产信息传递渠道畅通,及时准确向船舶传递航道、水位、气象、保安、交通管制、灾害预报、航行通告等动态安全生产信息	**现场检查:** 1.企业或船舶是否建立其他安全生产监管信息系统(如值班、投诉、安全风险分级管控、隐患排查等); 2.企业或船舶建立其他安全生产监管信息系统能否保持正常运行	10	1.未建立其他安全生产监管信息系统,每项扣2分; 2.安全监管信息系统不能正常使用,不能为船舶安全生产提供技术支持,每项扣2分	

续上表

评价类目	评价项目		释　　义	评价方法	标准分值	评价标准	得分
八、教育培训(90分)	1.培训管理	①企业应按规定开展安全教育培训，明确安全教育培训目标、内容和要求，定期识别安全教育培训需求，制定并实施安全教育培训计划	企业应确定安全教育培训主管部门，按规定及岗位需要，定期识别安全教育培训需求，制定、实施安全教育培训计划，提供相应的资源保证。 《中华人民共和国安全生产法》第十八条规定生产经营单位的主要负责人对本单位安全生产工作负有下列职责：(三)组织制定并实施本单位安全生产教育和培训计划	**查资料：** 1. 安全教育培训制度； 2. 安全教育培训需求识别、汇总及分析； 3. 安全教育培训计划	5	1. 未制定安全教育培训制度，扣3分； 2. 安全教育培训制度内容未明确培训主管部门、培训需求和培训计划的制定等，每项扣1分； 3. 未定期识别培训需求的，扣2分； 4. 未根据培训需求制定培训目标、培训计划的，扣2分； 5. 培训计划内容未覆盖生产经营范围，不具有操作性的每项扣1分	

续上表

评价类目	评价项目		释义	评价方法	标准分值	评价标准	得分
八、教育培训(90分)	1.培训管理	②企业应组织安全教育培训,保证安全教育培训所需人员、资金和设施	《安全生产培训管理办法》第十条规定,生产经营单位应当建立安全培训管理制度,保障从业人员安全培训所需经费,对从业人员进行与其所从事岗位相应的安全教育培训。 《生产经营单位安全培训规定》第二十一条规定,生产经营单位应当将安全培训工作纳入本单位年度工作计划。保证本单位安全培训工作所需资金	**查资料:** 1.培训教育计划和记录; 2.安全费用投入计划。 **现场检查:** 询问管理、现场不同岗位1~3人接受安全教育的情况	5	1.未按照培训计划开展安全教育培训的,每项(或人)扣1分; 2.培训所需的必要人员、资金和设施未得到保证的,每项扣1分	
		③企业应做好安全教育培训记录,建立从业人员安全教育培训档案	《生产经营单位安全培训规定》第二十二条规定,生产经营单位应当建立健全从业人员安全生产教育和培训档案,由生产经营单位的安全生产管理机构以及安全生产管理人员详细、准确记录培训的时间、内容、参加人员以及考核结果等情况	**查资料:** 1.各类安全教育的记录; 2.从业人员安全教育培训档案	10 AR	1.未对安全教育培训做好记录的每次扣2分; 2.安全教育培训档案记录不准确的(培训时间、培训内容、主讲老师、参训人员、考核结果),每项扣0.5分	

续上表

评价类目	评价项目		释义	评价方法	标准分值	评价标准	得分
八、教育培训(90分)	1.培训管理	④企业应组织对培训效果的后评估,改进提高培训质量	为了更好地落实继续教育培训计划,企业应在每次教育培训结束后,对培训效果进行评审,以便及时发现培训过程中存在的问题,制定解决或优化方案,调整培训计划,改进提高培训教育质量	**查资料:** 1.培训教育计划和记录; 2.培训效果评估记录、改进措施相关文件	5	1.无培训效果评估及改进措施,每缺1次扣1分; 2.培训效果评估不真实的或改进措施不具体的,每项扣0.5分	
	2.资格培训	①企业的特种设备作业人员应按有关规定参加安全教育培训,取得《特种设备作业人员证》后,方可从事相应的特种设备作业或者管理工作,并按规定定期进行复审	《特种设备作业人员监督管理办法》第二条规定,锅炉、压力容器(含气瓶)、压力管道、电梯、起重机械、客运索道、大型游乐设施、场(厂)内机动车辆等特种设备的作业人员及其相关管理人员统称特种设备作业人员。从事特种设备作业的人员应当按照本办法的规定,经考核合格取得《特种设备作业人员证》,方可从事相应的作业或者管理工作。	**查资料:** 1.特种设备台账; 2.特种设备作业人员台账; 3.特种设备作业人员的《特种设备作业人员证》	10 ★★	1.特种设备作业人员未取得《特种设备作业人员证》的,或《特种设备作业人员证》未定期复审的不得分; 2.未建立特种设备作业人员台账的(内容包括岗位、姓名、特种设备作业人员证编号、初次取证时间、复审时间、有效期等),每人次扣2分	

续上表

评价类目	评价项目		释义	评价方法	标准分值	评价标准	得分
八、教育培训（90分）	2.资格培训		《特种设备作业人员监督管理办法》第二十二条规定，《特种设备作业人员证》每4年复审一次。持证人员应当在复审期满3个月前，向发证部门提出复审申请。复审合格的，由发证部门在证书正本上签章。对在2年内无违规、违法等不良记录，并按时参加安全培训的，应当按照有关安全技术规范的规定延长复审期限。 复审不合格的应当重新参加考试。逾期未申请复审或考试不合格的，其《特种设备作业人员证》予以注销。 跨地区从业的特种设备作业人员，可以向从业所在地的发证部门申请复审				

续上表

评价类目	评价项目		释义	评价方法	标准分值	评价标准	得分
八、教育培训(90分)	2.资格培训	②企业的特种作业人员应经专门的安全技术培训并考核合格,取得《中华人民共和国特种作业操作证》后,方可上岗作业,并按规定定期进行复审。离开特种作业岗位6个月以上的特种作业人员,应重新进行实际操作考试,经确认合格后方可上岗作业	《中华人民共和国安全生产法》第二十七条规定,生产经营单位的特种作业人员必须按照国家有关规定经专门的安全作业培训,取得相应资格,方可上岗作业。 特种作业人员的范围由国务院安全生产监督管理部门会同国务院有关部门确定	**查资料:** 1.特种作业人员台账; 2.《中华人民共和国特种作业操作证》	10 AR	1.特种作业人员未持证上岗或《中华人民共和国特种作业操作证》到期未进行复审,每人扣2分; 2.离开特种作业岗位6个月以上的特种作业人员,未重新进行实际操作考试,经确认合格后上岗作业的每人扣1分; 3.未建立特种作业人员台账的(内容包括特种作业工种、姓名、特种作业操作证书编号、初次取证时间、复审时间、有效期等),每缺1人扣1分	

续上表

评价类目	评价项目		释义	评价方法	标准分值	评价标准	得分
八、教育培训(90分)	3.宣传教育	企业应组织开展安全生产的法律、法规和安全生产知识的宣传、教育	企业应将安全生产法律法规的培训学习要求,纳入到企业制定的安全学习培训制度中,将适用的安全生产法律法规、标准规范及其他要求及时传达给从业人员。企业应对新的重要的法律法规进行专门培训,并对学习情况进行考核	**查资料:** 安全生产法律法规、标准及其他要求宣传、培训相关记录资料。 **询问:** 询问至少3人接受安全生产的法律、法规和安全生产知识的宣传、教育情况	5	1. 无安全生产法律法规、标准及其他要求宣传、培训相关记录资料的(培训通知、培训签到表、培训记录表、培训效果评估),扣3分; 2. 随机抽查至少3名人员,不熟悉本岗位适用的安全生产法律法规、标准及其他要求的,每人扣1分	
	4.从业人员培训	①未经安全生产培训合格的从业人员,不得上岗作业	《中华人民共和国安全生产法》第二十五条规定,生产经营单位应当对从业人员进行安全生产教育和培训,保证从业人员具备必要的安全生产知识,熟悉有关的安全生产规章制度和安全操作规程,掌握本岗位的安全操作技能,了解事	**查资料:** 1. 从业人员安全教育和培训档案; 2. 企业从业人员档案	5	1. 新进人员,未经培训合格上岗作业的,每人次扣1分; 2. 生产经营单位的主要负责人和安全生产管理人员未经主管负有安全生产监督管理职责的部门对其安全生产知识和管理能力考核合格的,每人次扣1分	

续上表

评价类目	评价项目		释　　义	评价方法	标准分值	评价标准	得分
八、教育培训(90分)	4.从业人员培训		故应急处理措施，知悉自身在安全生产方面的权利和义务。未经安全生产教育和培训合格的从业人员，不得上岗作业。 《中华人民共和国安全生产法》第二十四条规定，生产经营单位的主要负责人和安全生产管理人员必须具备与本单位所从事的生产经营活动相应的安全生产知识和管理能力。 危险物品的生产、经营、储存单位以及矿山、金属冶炼、建筑施工、道路运输单位的主要负责人和安全生产管理人员，应当由主管的负有安全生产监督管理职责的部门对其安全生产知识和管理能力考核合格。考核不得收费				

续上表

评价类目	评价项目		释义	评价方法	标准分值	评价标准	得分
八、教育培训(90分)	4. 从业人员培训	②从业人员应每年接受再培训,培训时间不得少于规定学时	《中华人民共和国安全生产法》第二十五条规定,生产经营单位应当对从业人员进行安全生产教育和培训,保证从业人员具备必要的安全生产知识,熟悉有关的安全生产规章制度和安全操作规程,掌握本岗位的安全操作技能。未经安全生产教育和培训合格的从业人员,不得上岗作业。 《生产经营单位安全培训规定》第九条规定,生产经营单位主要负责人和安全生产管理人员初次安全培训时间不得少于32学时。每年再培训时间不得少于12学时	**查资料:** 从业人员安全培训教育档案	5	1. 企业年度安全教育培训计划未明确从业人员每年接受再培训的,扣2分; 2. 未按照培训计划要求组织开展从业人员年度再培训的,每少1次扣2分; 3. 从业人员年度再培训少于规定学时的,每少1人扣1分	

续上表

评价类目	评价项目		释义	评价方法	标准分值	评价标准	得分
八、教育培训(90分)	4. 从业人员培训	③对离岗一年重新上岗、转换工作岗位的人员,应进行岗前培训。培训内容应包括安全法律法规、安全管理制度、岗位操作规程、风险和危害告知等,与新岗位安全生产要求相符合	《生产经营单位安全培训规定》规定,从业人员在本生产经营单位内调整工作岗位或离岗一年以上重新上岗时,应当重新接受车间(工段、区、队)和班组级的安全培训	**查资料:** 从业人员安全培训教育档案	5	对离岗一年重新上岗、转换工作岗位的人员未进行岗前安全培训教育,每人次扣2分	
		④应对新员工进行三级安全教育培训,经考核合格后,方可上岗。培训时间不得少于规定学时	《生产经营单位安全培训规定》第十二条规定,加工、制造业等生产单位的其他从业人员,在上岗前必须经过厂(矿),车间(工段、区、队),班组三级安全培训教育。 生产经营单位应当根据工作性质对其他从业人员进行安全培训,保证其具备本岗位安全操作、应急处置等知识和技能。 《生产经营单位安全培训规定》第十三条规定,生产经营单位新上岗的从业人员,岗前安全培训时间不得少于24学时	**查资料:** 1. 对新员工的三级安全教育培训记录; 2. 三级安全教育培训后的考核记录; 3. 员工名册,必要时抽查劳动合同	10 AR	1. 未对新员工进行三级安全教育培训的,每人次扣1分; 2. 存在三级安全教育培训考核不合格上岗员工的,每人次扣1分; 3. 三级安全教育培训学时少于24学时的,每人次扣1分	

续上表

评价类目	评价项目		释义	评价方法	标准分值	评价标准	得分
八、教育培训（90分）	4.从业人员培训	⑤企业使用被派遣劳动者的，应纳入本企业从业人员统一管理，进行岗位安全操作规程和安全操作技能的教育和培训	《中华人民共和国安全生产法》第二十五条规定，生产经营单位使用被派遣劳动者的，应当将被派遣劳动者纳入本单位从业人员统一管理，对被派遣劳动者进行岗位安全操作规程和安全操作技能的教育和培训。劳务派遣单位应当对被派遣劳动者进行必要的安全生产教育和培训	**查资料：** 1. 劳务派遣人员名单； 2. 安全教育培训档案	5	劳务派遣人员未进行岗位安全操作规程和安全操作技能教育和培训的，每人次扣1分	
		⑥应在新技术、新设备投入使用前，对管理和操作人员进行专项培训	《中华人民共和国安全生产法》第二十六条规定，生产经营单位采用新工艺、新技术、新材料或者使用新设备，必须了解、掌握其安全技术特性，采取有效的安全防护措施，并对从业人员进行专门的安全生产教育和培训	**查资料：** 1. 新技术、新设备投入使用资料； 2. 安全教育培训档案。 **询问**（至少3人）： 新技术、新设备岗位人员培训情况	5	1. 新技术、新设备投入使用前，未对管理和操作人员进行专项培训的，每人次扣2分； 2. 专项培训记录档案资料不完善的，每次扣1分	

续上表

评价类目	评价项目		释义	评价方法	标准分值	评价标准	得分
八、教育培训(90分)	5.规范档案	企业应当建立安全生产教育和培训档案，如实记录安全生产教育和培训的时间、内容、参加人员以及考核结果等情况	《中华人民共和国安全生产法》第二十五条规定，生产经营单位应当建立安全生产教育和培训档案，如实记录安全生产教育和培训的时间、内容、参加人员以及考核结果等情况	**查资料：** 1. 培训教育计划和记录； 2. 培训效果评估记录、改进措施相关文件。 **询问**(至少3人)： 员工接受安全教育的情况	5	1. 无教育培训档案记录不得分； 2. 教育培训档案记录不真实、不准确的(培训的时间、内容、参加人员以及考核结果)，每处扣1分	
九、作业管理(200分)	1.生产流程	①应根据船舶类型、装卸货种、装卸方式、积载要求等情况选择合适的符合规范要求的流程	企业应根据船舶类型、装卸货种、装卸方式、积载要求等，制定工作流程(作业指导书)。 工作流程应符合相关规范及企业实际情况，操作性强	**查资料：** 1. 操作规程； 2. 安全生产作业规定	10	1. 未制定针对各项操作规程和安全生产作业规定执行情况的监督检查措施，缺1项扣5分； 2. 措施不完善，每项扣1分	

续上表

评价类目	评价项目		释义	评价方法	标准分值	评价标准	得分
九、作业管理(200分)	1.生产流程	②作业人员应了解载运货种的危险有害特性、船舶航行危险因素等信息	船舶应结合实际情况,进行危险因素分析,列出危险因素清单,明确控制措施,作业人员应掌握安全载运的相关知识,熟悉所在船舶载运危险货物的安全知识、操作规程及应急措施	**查资料:** 载运货种危险有害特性、船舶航行危险因素等信息。 **询问**(至少3名): 作业人员对载运货种的危险有害特性、船舶航行危险因素等信息的了解情况	10	1.企业或船舶未收集载运货种的危险有害特性、船舶航行危险因素等信息,扣5分; 2.作业人员不了解的载运货种的危险有害特性、船舶航行危险因素等信息,1人扣1分	
		③严格执行操作规程和安全生产作业规定	严格执行操作规程和安全生产作业规定,严禁违章指挥、违章操作、违反劳动纪律	**查资料:** 1.监督检查台账及相应记录; 2.发现的问题处理记录。 **现场检查:** 作业人员是否有"三违"现象(是否存在违章指挥、违章操作、违反劳动纪律的行为)。监督检查台账记录是否完整,相应处理记录极档案是否齐全。是否及时处理检查中发现的问题等	10	1.现场发现"三违"(违章指挥、违章操作、违反劳动纪律)现象的,扣5分; 2.未及时处理和纠正检查中发现的问题,1项扣2分	

续上表

评价类目	评价项目		释　义	评价方法	标准分值	评价标准	得分
九、作业管理(200分)	2.船舶进出港	船舶进出港应严格遵守安全规范	企业应建立每一条港口、航运线路的交通状况、限速情况、气候条件、沿线安全隐患路段情况等信息台账,并提供给船舶。企业应加强对船舶进出港作业监督检查,并保存记录	**查资料:** 1.船舶进出港有关安全作业操作规范及相应记录; 2.《航行日志》。 **询问**(至少3名): 船员了解其掌握船舶进出港有关安全作业操作规范的情况	5	1.未制定船舶进出港有关安全作业操作规范,扣5分,不完善、缺乏操作性,扣1~3分; 2.未建立每一条港口、航运线路的交通状况、限速情况、气候条件、沿线安全隐患路段情况等信息台账资料的,或未提供给船舶的,每一航线扣3分; 3.抽查的船员不熟悉船舶进出港有关安全作业操作规范的主要内容,每人扣1分; 4.查有关操作或报告记录,不完整或不符合要求的,每项扣1分; 5.未及时处理和纠正检查中发现的问题,每项扣1分	

续上表

评价类目	评价项目		释义	评价方法	标准分值	评价标准	得分
九、作业管理(200分)	3.船舶靠离泊	船舶靠离码头及锚泊作业应严格遵守安全规范	船舶靠离码头及锚泊作业属于关键性操作,需要制定船舶靠离码头及锚泊作业有关安全操作规范,并严格按规范(须知)要求执行。企业应加强对船舶靠离码头及锚泊作业监督检查,并保存记录	**查资料:** 1.船舶靠离码头及锚泊作业有关安全操作规范; 2.《航行日志》。 **询问**(至少3名): 船员了解其掌握船舶靠离泊及锚泊有关安全规范的情况	5	1.未制定船舶靠离码头及锚泊作业有关安全操作规范程,扣5分,规程不完善、缺乏操作性,扣1~3分; 2.抽查的船员不熟悉船舶靠离码头及锚泊作业安全规范的主要内容,每人扣1分; 3.查有关台账记录,不完整或相应处理记录和档案不齐,扣1~2分; 4.未及时处理和纠正检查中发现的问题,扣3分	

续上表

评价类目	评价项目		释义	评价方法	标准分值	评价标准	得分
九、作业管理(200分)	4.货物装卸	①应执行装卸货申报、准备、装卸作业、货物管理等各环节规定,符合相关主管机构管理要求,保存相关记录	制定装卸货申报、准备、装卸作业、货物管理的各环节规定,符合相关主管机构的管理要求	**查资料:** 装卸货申报、准备、装卸作业、货物管理等资料。 **询问**(至少3名): 作业人员对装卸货管理要求的了解情况	5 ★★★	1.应制定装卸货申报、准备、装卸作业、货物管理的各环节规定等制度,制度具操作性,有相关记录; 2.船员应熟悉货物装卸作业过程相关管理要求	
		②指定人员对装卸作业进行管理	企业应对船舶装卸过程进行控制。 装卸作业过程中必须关注船舶人员安全、货物安全和环境安全。 企业应明确负责船舶装卸作业全过程管理的专门人员,督促船员严格执行货物装卸作业安全操作规程和相关制度。有关过程管理记录齐全,船员应熟悉操作规程,在船舶装卸危险货物作业的过程中,应严格执行操作规程	**查资料:** 1.船舶装卸作业操作规程; 2.装卸作业管理记录。 **询问:** 指定人员对工作职责的熟悉情况	10	1.未指定人员对装卸作业进行管理,扣10分; 2.不能提供装卸作业管理记录或装卸记录中不能体现管理要求的,扣5分; 3.指定人员不熟悉职责,扣5分	

续上表

评价类目	评价项目		释义	评价方法	标准分值	评价标准	得分
九、作业管理（200分）	4.货物装卸	③编制货物装积载和装卸计划，装卸作业前进行船岸安全信息交流，保存相关记录	船舶装载货物前应做好受载准备，切实做到适货、适航。并分别编制货物装载、积载作业计划及危险货物清单。 船舶应根据航线、季节特点、危险货物特性、装载资料和积载要求，以保证船舶和强度、快装快卸、充分利用装载能力为原则编制装积载计划及货物清单。 装卸作业前进行船岸安全信息交流，保存相关记录	**查资料：** 1.货物装载、积载作业计划； 2.配载图； 3.船舶稳性资料； 4.危险货物清单； 5.船岸安全信息交流记录	5	1.未制定货物积载和装卸计划，不得分； 2.未进行船岸安全信息交流，扣2分； 3.未按要求记载船岸安全信息交流，扣2分	
		④制定并执行易流态化货物装卸和载运安全措施，保存相关记录	易流态化货物，是指本身含有部分细颗粒和一定量水分，当其含水率超过适运水分极限时可能形成自由液面或固液两相流动层的货物，包括铁精矿、高岭土、红土镍矿和其他具有类似物理性质的货物。 船舶装载易流态化货物前24h，船舶或其代理人应当核对托运人或其代理人提交的易流态化货物检测报告、含水率检测报告等相关单证和资料，确	**查资料：** 1.易流态化货物检测报告； 2.含水率检测报告； 3.船舶开航前向海事管理机构和港口行政管理部门报备资料；	5	1.未制定并执行易流态化货物装卸和载运安全措施，未保存相关记录的，扣5分； 2.确认货物适运，未在船舶开航前向海事管理机构和港口行政管理部门报备，扣5分；	

续上表

评价类目	评价项目		释义	评价方法	标准分值	评价标准	得分
九、作业管理(200分)	4.货物装卸		认货物适运，并在船舶开航前向海事管理机构和港口行政管理部门报备。 船舶在易流态化货物作业前，应对照《散货船装卸船/岸安全检查项目表》，进行安全检查，并与港口经营人共同确认。 船舶应当根据装运易流态化货物的要求，制定操作规程及应急预案，建立定期演练制度，完善各项处置措施。 在航行过程中，船舶应根据所装载货物的特性和航行区域特点制定货舱定期巡查计划，并将定期巡查情况记入航海日志。巡查时如发现水分游离、货物流动或船舶发生倾斜等情况，应采取排水等应急措施，并就近向海事管理机构报告。 对船员加强有关专业知识的培训和考核，使其熟悉易流态化货物的特性、操作规程及应急预案	4.易流态化货物作业前检查记录； 5.易流态化货物操作规程、应急预案及相应记录； 6.货舱定期巡查计划及记录； 7.航海日志	5	3.有关台账记录不完整，相应处理记录和档案不齐，扣1~2分； 4.未及时处理和纠正检查中发现的问题，扣3分	

续上表

评价类目	评价项目		释义	评价方法	标准分值	评价标准	得分
九、作业管理(200分)	4.货物装卸	⑤应执行《压载水管理计划》,保存相关记录	企业应明确船舶压载水管理的要求,制定《压载水管理计划》,计划应符合相关规范和要求。 《压载水管理计划》应印发岸上管理部门、船舶。 船员应熟悉《压载水管理计划》并遵照执行	**查资料:** 《压载水管理计划》及相关记录	5	1.《压载水管理计划》未持经主管机关认可的,扣5分; 2. 船舶未按《压载水管理计划》进行压载水操作,记录保存不完整,扣3到5分	
	5.船舶航行与停泊	①应执行开航前安全检查制度,轮、驾两部联系制度,机舱巡回检查制度、航次作业会议制度,保存相关记录	船舶应建立的制度包括:船舶开航前安全检查制度,轮、驾两部联系制度,机舱巡回检查制度,航次作业会议制度。 企业应结合岗位安全职责、各部门安全职责、《船舶关键性设备安全操作规程》和《船舶关键性作业技术操作规程或操作方案》制定以上4项制度	**查资料:** 1. 船舶开航前安全检查制度及相关记录; 2. 轮、驾两部联系制度; 3. 机舱巡回检查制度及相关记录; 4. 航次作业会议制度及相关记录	5	1. 未制定前述4项制度,扣5分; 2. 制度不具体,操作性不强,每项扣1~2分; 3. 相关记录不完整、不规范,扣2分	

续上表

评价类目	评价项目		释义	评价方法	标准分值	评价标准	得分
九、作业管理(200分)	5.船舶航行与停泊	②应制定船舶防碰、防风、防雾、防触礁、防搁浅、防火防爆、防人员落水、防污染，靠(离)泊作业、过闸、过桥操作以及通过危险航段和船舶求助作业等关键性操作措施，并严格实施，保存相关记录	企业应完善包括船舶防碰、防风、防触礁、防搁浅操作、防火防爆操作、防人员落水、防污染，靠(离)泊作业、过闸、过桥操作，通过危险航段和船舶求助作业等关键性操作的预防和操作措施。 船舶应严格执行关键性操作规程、方案和有关预防操作安全措施，记录相应的操作过程	**查资料：** 船舶防碰、防风、防触礁、防搁浅操作、防火防爆操作、防人员落水、防污染，靠(离)泊作业、过闸、过桥操作，通过危险航段和船舶求助作业等关键性操作的预防和操作措施及相应的记录	10 ★★★	1. 应按有关规定，结合自身船舶实际，完善了有关操作规程或方案，并制定有细化的预防和操作安全保证措施，措施全面、具体； 2. 关键性操作措施应得到有效落实； 3. 应保留关键性操作措施执行记录	
		③应执行航行值班制度、停泊值班制度、交接班制度、驾驶台规则和安全会议制度等，保存相关记录	企业应建立航行值班制度、停泊值班制度、交接班制度、驾驶台规则和安全会议制度。 企业应结合岗位安全职责、各部门安全职责、《船舶关键性设备安全操作规程》和《船舶关键性作业技术操作规程或操作方案》	**查资料：** 1. 前述制度及执行记录； 2. 航海日志。 **询问**(至少3名)： 船员对制度的熟悉情况	5 ★★★	1. 应制定航行值班、停泊值班、交接班、驾驶台规则、安全会议等5项制度； 2. 制度应具体，且可操作； 3. 相关记录应完整、规范； 4. 船员应熟悉相关制度	

续上表

评价类目	评价项目		释义	评价方法	标准分值	评价标准	得分
九、作业管理(200分)	5. 船舶航行与停泊	④重要时期实行领导到岗带班,有值班记录	重要时期是指及时处理突发事件和重要情况时期、法定节假日和以国家名义组织的重大庆典、会议等重要时段,也可包括船舶航行在特殊区域的时段。制定重要时期领导到岗带班制度,领导带班包括企业领导带班和船长带班。明确重要时期企业领导带班时间安排、带班责任、带班记录等要求。关键性操作和船舶航行在特殊区域的时段船长亲自引航操作或监航,在航海(行)日志或轮机日志上记录	**查资料:** 1. 重要时期领导到岗带班制度,及相应记录; 2. 航海(行)日志; 3. 轮机日志	5	1. 未制定重要时期领导到岗带班制度,扣3分; 2. 未制定船长监航或船长(轮机长)亲自操作的制度(应明确哪些情况下船长上驾驶台、轮机长下机舱),扣3分; 3. 制度不能满足有关规定要求,可操作性不强,扣1~2分; 4. 查航海(行)日志或轮机日志,船长监航或亲自操作或轮机长操作后,在航海(行)日志或轮机日志上未记录,扣1~3分	

续上表

评价类目	评价项目		释　　义	评价方法	标准分值	评价标准	得分
九、作业管理(200分)	5.船舶航行与停泊	⑤船舶航行日志、轮机日志、车钟记录、油类记录簿、垃圾记录等台账记录应完整、规范	配备符合主管机关要求的各类记录簿和日志,至少包括:航行日志、轮机日志、车钟记录、油类记录簿、垃圾记录簿、货物记录簿等。 航行日志、轮机日志、车钟记录、油类记录簿、垃圾记录等台账记录按要求记载,完整、规范,无漏记、误记,无缺页、污损、随意修改等现象。 各类记录簿和日志使用完毕后按规定期限在船上保存	**现场检查资料:** 航行日志、轮机日志、车钟记录、油类记录簿、垃圾记录簿、货物记录簿等	5 AR	1. 船舶未按规定配备海事主管机关要求的各类记录簿和日志,缺1种扣0.5分; 2. 日志、轮机日志、车钟记录、油类记录簿、垃圾记录、货物记录等台账记录,未按要求记载,记录不完整、规范,扣2分; 3. 各记录簿和日志使用完毕后未按规定在船上保存,扣2分	

续上表

评价类目	评价项目		释　　义	评价方法	标准分值	评价标准	得分
九、作业管理(200分)	5.船舶航行与停泊	⑥严禁超载、超限等违反运输规定的行为	船舶超载是指船舶运载的货物重量超过行驶证的核定载质量,而船舶超限是指船舶的装载总尺寸超过国家规定的限值。超载但不一定超限,超限但不一定超载。 企业应制定不同水位期船舶装载量、吃水尺度控制的相应措施和监督检查制度,如枯水季节船舶装载水尺须满足海事主管机关公布的强制性规定,将船舶超载、超限等违反运输规定的行为,纳入责任书和绩效考核的重要内容等。 企业应采取措施防止船舶超载、超限;船舶应严格遵守不同水位期载重量、吃水尺度的控制要求。 实际营运中无船舶超载、超限等违反运输规定的行为。 船舶营运过程中无超载、超吃水、超限等违反运输规定的行为	**查资料:** 1. 企业已制定对船舶装载量、吃水尺度控制的相应措施和监督检查制度并采取防止船舶超载、超限等违反运输规定行为的措施,措施有效; 2. 船舶按规定装载,无超载、超吃水、超限等违反运输规定的行为发生	5 ★★★	1. 应制定对船舶装载量、吃水尺度控制的相应措施和监督检查制度,并采取防止船舶超载、超限等违反运输规定行为的措施; 2. 无因超载、超限等违反运输规定的行为而被海事部门处罚或滞留的相关凭据	

续上表

评价类目	评价项目		释义	评价方法	标准分值	评价标准	得分
九、作业管理(200分)	6.危险作业管理	①建立并落实危险作业许可管理制度,明确责任部门、人员、许可范围、审批程序、许可签发人员等。危险作业包括但不限于下列作业:危险区域动火作业、进入受限空间作业、高处作业、其他危险生产作业。危险作业审批记录以及相应的作业记录应予以保存	危险区域和危险作业包括:受限空间作业,高处作业、危险区域动火作业,存在缺氧、有毒有害、高温、负压等维护因素的受限空间作业。 企业要制定危险区域动火作业安全监督管理制度、进入受限空间作业安全监督管理制度、高处作业安全监督管理制度及禁止装卸危险品货物作业制度。 严格执行危险作业的安全监督管理制度,明确责任部门、人员、许可范围、审批程序、许可签发人员等	**查资料:** 1.企业应当制定危险作业的安全监督管理制度,内容完整,程序完善; 2.各类作业应按规定程序办理许可或审批手续; 3.船舶保存有各类危险作业过程记录,相应许可或审批手续资料齐全	5 AR	1.未制定危险作业安全监督管理制度,扣5分; 2.安全监督管理制度内容不完整,程序不完善,不具操作性,扣1~3分; 3.各类作业(如危险区域动火作业、进入受限空间作业、高处作业、水上作业等)未按规定程序办理许可或审批手续,每起扣0.5分; 4.船舶未保存各类危险作业过程记录,相应许可或审批手续,扣1分; 5.船舶保存的各类危险作业过程记录,相应许可或审批手续不全,1次扣0.5分	

续上表

评价类目	评价项目		释义	评价方法	标准分值	评价标准	得分
九、作业管理(200分)	7. 相关方管理	应执行相关方人员安全管理制度,明确安全职责和可能接触到的危害,告知应急避险知识,并保留相关记录。相关方人员包含但不限于:货主,供应商,参观、学习、检查、码头以及第三方等人员	企业制定经营相关方,货主,供应商、参观、学习、检查、码头以及第三方等人员等人员安全管理制度,明确安全职责和可能接触到的危害,告知应急避险知识。其内容至少包括所有与生产经营相关的场所、环境、人员、设备设施和活动,一是要明确双方责任;二是要严格审查安全资质和专业技术能力;三是现场作业的安全风险分析;四是开展对作业现场的监督和管理。 要求企业提示或告之可能接触到的危害与危险,告知应急避险知识。标识要清晰,也可采用警示、告知、提醒等手段	**查资料:** 1. 相关方人员安全管理制度; 2. 告知应急避险知识的记录。 **现场检查:** 相关方管理执行情况,如登船告示牌设置等	5	1. 未制定经营相关方、外来参观、学习等人员安全管理制度,扣1分; 2. 未设置登船告示牌,明确告知外来人员登船时注意事项和应急避险知识,扣1分; 3. 未明确规定无关人员不得登船,扣1分; 4. 未根据保安规则要求加强对登船人员检查,扣1分; 5. 查经营相关方,外来参观、学习等人员登船,无相关记录,或记录不全,扣1分	

续上表

评价类目	评价项目		释义	评价方法	标准分值	评价标准	得分
九、作业管理(200分)	8. 消防管理	①建立防火安全管理制度、船舶使用明火作业申报制度,并贯彻落实	企业应按照国家、公安、海事主管机关有关消防法律法规的规定,结合企业自身实际,建立企业防火安全管理制度,明确船岸各级消防安全责任、火灾预防须知和有关防火检查规定等。 装载危险货物船舶严禁明火;对船舶防火重点部位实行防火责任制,定人、定点、定措施管理。 船舶修理时,应按照有关船上明火作业的规定,严格执行明火作业申报和审批管理制度。 船舶应按规定建立防火档案;企业和船舶有关防火检查、明火作业申报和审批过程应详细记录	**查资料:** 1. 防火安全管理制度; 2. 船舶使用明火作业申报制度; 3. 防火档案,企业和船舶有关防火检查、明火作业申报和审批过程。 **现场检查:** 明火作业现场执行情况	5	1. 未建立防火安全管理制度和船舶使用明火作业申报制度,每项扣2分; 2. 制度中责任不明确,措施不完善,扣1~3分; 3. 查相关明火作业申报和审批记录档案,不齐全,扣1~2分	

续上表

评价类目	评价项目		释义	评价方法	标准分值	评价标准	得分
九、作业管理(200分)	8.消防管理	②制定固定灭火系统安全操作程序,并贯彻落实	根据船舶不同的类型、货物性质、航行区域,装载危险货物的船舶一般采用的固定消防系统有:水灭火系统、卤化物灭火系统、泡沫灭火系统和 CO_2 灭火系统。 企业应按照有关法规规范要求,结合船舶实际,制定船舶固定灭火系统安全操作程序或操作须知,明确责任人、操作步骤、操作方法和操作注意事项,并印发岸上管理部门船舶。 企业应督促船舶加强培训和训练,熟悉船舶固定灭火系统安全操作程序或操作须知	**查资料:** 1. 固定灭火系统安全操作程序或操作须知; 2. 相应的操作、培训记录。 **询问:** 3~5名操作人员对固定灭火系统使用的了解情况。 **现场检查:** 作业人员对固定灭火系统的操作情况	5	1. 未制定船舶固定灭火系统安全操作程序或操作须知,扣5分; 2. 内容不完善或执行不到位,扣1~2分; 3. 有关人员不熟悉船舶固定灭火系统安全操作程序或操作须知的主要内容,扣1~3分	

续上表

评价类目	评价项目		释义	评价方法	标准分值	评价标准	得分
九、作业管理(200分)	8.消防管理	③船舶生活区张贴防火安全须知,对登船人员实行消防安全提示	船舶应在船员生活区张贴防火安全须知或在船舶甲板放置登船须知,对登船人员实施消防安全提示,使其明确登船防火注意事项,对其进行消防安全意识教育。 全体船员严格执行防火安全须知的要求	**现场检查:** 1. 防火安全须知生活区现场张贴情况; 2. 登船现场登船人员告示牌的告知执行情况	5 AR	1. 未展示登船人员告示牌,扣5分; 2. 告知中未明确防火安全须知相关内容,每少1项扣0.5分; 3. 船员未按防火安全须知要求执行,每项扣1分	
		④定期开展消防安全检查,统计分析消防工作现状,完善消防工作措施	企业应按安全生产监督检查制度有关规定,定期开展消防安全检查,检查内容一般包括但不限于:消防责任和规定培训,消防设施设备维护与性能测试,消防安全通道,消防员装备,消防应急训练与演习等。 企业应按已制定的安全隐患统计分析要求,按月度、季度、半年和年度统计分析消防工作现状和发现消防安全隐患与整改情况,提出改进和完善消防工作措施	**查资料:** 1. 消防安全检查台账及相应记录; 2. 消防安全检查统计、分析、改进的记录	5	1. 船舶未定期开展消防安全自查,扣5分; 2. 公司未定期对船舶和岸基办公区域开展消防安全检查,扣5分; 3. 对发现的消防安全隐患未按规定整改,扣3分; 4. 未按月度、季度、半年和年度统计分析消防工作现状,完善消防工作措施,每项扣0.5分	

续上表

评价类目	评价项目		释义	评价方法	标准分值	评价标准	得分
九、作业管理(200分)	8.消防管理	⑤船舶配有火灾应急应变部署表、船舶防火控制图	船舶应按规定配备火灾应急应变部署表和船舶防火控制图,并在规定处所展示或存放。防火控制图应张贴在公共场所(如餐厅、吸烟室、活动室、机舱和驾驶台)或存放于旋梯附近专用水密桶内,其内还应存放一份最新的船员名单。火灾应急应变部署表应张贴在公共场所(如餐厅、吸烟室、机舱和驾驶台),当船员发生变化时应及时更新,与实际在船船员一致。 船舶应编制船员个人应变卡,明确个人防火职责。开航前每名船员应熟悉自己的应急职责,熟悉各类消防信号、熟知各类消防器材的使用及操作方法。 船上实际配备的消防器材、设备应与船舶防火控制图相符	**查资料:** 1. 火灾应急应变部署表; 2. 船舶防火控制图。 **询问**(至少3名): 船员关于火灾应急应变部署表、船舶防火控制图的主要内容及自身职责。 **现场检查:** 火灾应急应变部署表、船舶防火控制图张贴情况	5	1. 船舶未制定和张贴火灾紧急应变部署表,扣5分; 2. 船舶未配船舶检验机构认可的防火控制图,扣5分; 3. 船员不熟悉火灾应急应变部署表、船舶防火控制图的主要内容,每人扣1分; 4. 查火灾应急应变部署表、船舶防火控制图的更新,不及时、与实际不一致,每项扣2分; 5. 未编制船员个人应变部署卡,扣2分	

续上表

评价类目	评价项目		释　义	评价方法	标准分值	评价标准	得分
九、作业管理(200分)	8.消防管理	⑥按规定制定消防演习计划,按计划进行演习并保存相应记录	船舶、船岸均应定期开展消防培训、训练,编制演练计划,按要求进行演习,并保存相应记录	**查资料:** 1.消防演习计划; 2.演习记录及总结	5	1.未制定消防演习计划,或未按计划开展演习,扣5分; 2.演习记录及总结不符合要求,扣1~3分	
	9.防污染管理	①制定船舶防污染应急计划,并得到主管机关批准	企业应按照有关规定、指南的要求,结合船舶实际,编制《船舶防油污染应急计划》,经主管机关签注。 当有关规定、指南、应急通信录发生变化时,企业应及时更新和修改《船舶防油污染应急计划》,细化船舶防油污染管理措施。 《船舶防油污染应急计划》应印发、配备岸上管理部门,船舶、船岸均应落实船舶防油污染管理计划和措施要求,定期开展防污染培训、训练和演习	**查资料:** 1.《船舶防油污染应急计划》,适用时,相应地更新记录; 2.相关的发放记录; 3.相关的培训、训练和演习记录	5	1.未编制《船舶防油污染应急计划》,计划未经主管机关签注,扣5分; 2.《船舶防油污染应急计划》未按规定及时更新,扣2分; 3.《船舶防油污染应急计划》无细化的防油污染措施,扣2分; 4.查有关发放、培训、训练和演习记录,不齐全,每项扣1分	

续上表

评价类目	评价项目		释义	评价方法	标准分值	评价标准	得分
九、作业管理(200分)	9. 防污染管理	②制定垃圾管理制度,实行分类收集存放管理	船舶垃圾一般包括:塑料、食品废弃物、生活废弃物、食用油、焚烧炉灰渣、作业废弃物、动物尸体、渔具、电子垃圾、货物残余(非 HME)、货物残余(HME)等,企业应按照有关规定、指南的要求,结合船舶实际,编制《垃圾管理计划》,经主管机关签注。 当有关规定、指南发生变化时,企业应及时更新和修改《垃圾管理计划》。 垃圾处理、焚烧炉使用情况、例外排放或垃圾落失、特殊区域排放应记录在垃圾记录簿内,垃圾污染公告牌应按相关规定在船上张贴	**查资料:** 1. 垃圾管理计划; 2. 垃圾记录簿。 **现场检查:** 1. 垃圾分类管理情况; 2. 垃圾污染公告牌张贴情况	5	1. 未编制《船舶垃圾管理计划》,计划未经主管机关签注,扣5分; 2.《船舶垃圾管理计划》更新不及时性或无细化垃圾管理措施,扣2分; 3. 未按要求张贴垃圾污染公告牌,扣1分; 4. 查船舶垃圾分类管理,不符合垃圾管理计划要求,扣2分; 5. 垃圾记录簿记录不准确、不完整,每一处扣1分	

续上表

评价类目	评价项目		释义	评价方法	标准分值	评价标准	得分
九、作业管理(200分)	9.防污染管理	③制定加装燃润油和油污水、生活污水处理程序,并严格执行	企业应按照有关法规、规范要求,制定加装燃润油和油污水、生活污水处理程序或作业须知,明确相应的责任人、操作步骤、操作须知和注意事项。 船舶应制定燃润油加装作业计划,防止跑冒滴漏,燃润油的样本及质量证明书应保存在船上;机舱含油污水和含货油污水应按规定通过油水分离器和排油监控装置排放或送岸上有资质的单位接收处理;燃润油的加装和机舱含有污水的处理应记录在油类记录簿(机舱)部分,含货油污水的处理应记录在油类记录簿(甲板)部分;生活污水应通过生活污水处理装置处理后再排放;水域和港口有特殊规定时,还应遵循特别规定。	**查资料:** 1.加装燃润油作业须知; 2.油污水、生活污水处理须知; 3.油类记录簿; 4.油污水、生活污水处理、排放记录; 5.燃润油加装安全检查及加装记录; 6.加装燃润油质量证明书。 **现场检查:** 1.加装燃润油的样本保存及标识情况; 2.油污水装置的铅封完好性; 3.生活污水投药量情况	10 AR	1.未制定加装燃润油和油污水、生活污水处理程序或作业须知,每项扣5分; 2.内容不完善、不具操作性,每项扣1分; 3.船舶未严格执行加装燃润油和油污水、生活污水处理程序或作业须知的要求,每项扣2分; 4.各类记录、样本,不全,每项扣0.5分; 5.发生污染水域事件,本项不得分	

续上表

评价类目	评价项目		释义	评价方法	标准分值	评价标准	得分
九、作业管理(200分)	9.防污染管理		船舶应严格执行加装燃润油和油污水、生活污水处理程序或作业须知的要求。 企业应按安全检查制度要求,定期对船舶加装燃油和油污水、生活污水处理情况进行检查,督促船舶按规定严格执行				
		④油类记录和生活垃圾处理记录齐全	燃润油的加装和机舱含有污水的处理应记录在油类记录簿(机舱)部分,含货油污水的处理应记录在油类记录簿(甲板)部分; 垃圾处理、焚烧炉使用情况、例外排放或垃圾落失、特殊区域排放应记录在垃圾记录簿内,垃圾污染公告牌应按相关规定在船上张贴	**查资料:** 1. 油类记录簿(机舱)部分; 2. 油类记录簿(甲板)部分; 3. 垃圾记录簿; 4. 垃圾污染公告牌	5	1. 查记录、未进行登记管理,扣5分; 2. 记录不及时、不准确、不完整、不清晰,每项扣1分	

续上表

评价类目	评价项目		释义	评价方法	标准分值	评价标准	得分
九、作业管理(200分)	9.防污染管理	⑤按规定制定溢油应急演习计划,按计划进行溢油应急演习并保存相应记录	船舶应制定溢油应急计划,配备应急装备物质。发生应急事故时,应当按照规定向海事管理机构报告。 船舶、船岸均应定期开展溢油应急演习并保存相应记录	**查资料:** 1.船舶溢油应急演练计划; 2.演习相应的记录。 **现场检查:** 应急装备物资管理情况	5	1.未制定溢油演习计划,或未按计划开展演习,扣5分; 2.演习讲评及记录不符合要求,扣1~3分	
	10.救生管理	按规定制定营救落水人员的计划和程序,按规定进行救生演习并保存相应记录	按规定制定营救落水人员的计划和程序,并满足相关公约、编制指南等规定。 按规定制定救生演习计划,计划要求的间隔时间进行演练,并保存相应的演练记录	**查资料:** 1.营救落水人员的计划和程序; 2.营救落水人员的计划和程序及相应的记录	5	1.未制定营救落水人员的计划和程序,或未按计划开展演习,扣5分; 2.演习讲评及记录不符合要求,扣2分	

续上表

评价类目	评价项目		释义	评价方法	标准分值	评价标准	得分
九、作业管理(200分)	11.船舶保安	①船舶应装备经船舶检验机构认可的保安器材,按规定进行检查、检验和维护,并定期对该设备进行测试,保证正常可用	船舶应装备经船舶检验机构认可的保安器材,一般包括(不限于):船舶保安报警系统、通用报警系统、灯光照明系统(包括应急)、供电系统(包括应急)、消防设备、救生设备、监控设备、所有的全球海上遇险安全系统(GMDSS)、船内广播、电话系统、VHF对讲器、门锁和挂锁等。 应明确检查、检验和维护的规定,确保这些规定符合相关规定的要求,定期对该设备进行测试、校验。保证正常可用,保存相关的记录	**查资料:** 1. 相关设备的船检证书; 2. 检查、检验和维护的规定及相关的记录。 **现场检查:** 相关设备的符合性和功能性完好	5	1. 船舶未配备经船舶检验机构认可的保安器材,扣5分; 2. 未按规定对保安器材进行检查、检验、维护和测试,现场器材功能欠缺,不处于可用状态,每处扣1分	

续上表

评价类目	评价项目		释义	评价方法	标准分值	评价标准	得分
九、作业管理(200分)	11.船舶保安	②按规定建立船舶保安体系,严格执行登轮检查,开展定期演练,并保存相应记录	按相关公约、规则建立船舶保安体系,保安体系至少满足以下功能: 1. 搜集并评估与保安威胁有关的信息并有效交流; 2. 保持船舶和港口设施的有效通信; 3. 防止擅自进入船舶及其限制区域; 4. 防止擅自将武器、燃烧装置或爆炸物、有毒有害化学品等带入船舶; 5. 标明保安事件的情形并提供防范、反应措施的程序和报警的方式; 6. 要求在保安评估的基础上制订《船舶保安计划》; 7. 要求进行培训、演练和演习,以确保熟悉保安计划和程序; 8. 与船舶安全的一致性。 《船舶保安计划》应向海事管理机构备案	**查资料:** 1. 船舶保安体系相关文件; 2.《船舶保安计划》; 3. 向海事管理机构备案的相关记录; 4. 船舶保安演习计划及相应的记录	5	1. 未按规定建立船舶保安体系,扣5分; 2. 未制定安保演练计划,或未按计划开展演练,扣5分; 3. 演习讲评及记录不符合要求,扣1~3分	

续上表

评价类目	评价项目		释义	评价方法	标准分值	评价标准	得分
九、作业管理(200分)	12.警示标志	在存在危险因素的作业场所和设备设施,设置明显的安全警示标志,警示、告知危险种类、后果及应急设施	企业应按照有关规定,结合船舶实际,制定如何对存在危险因素的作业场所和设备设施设置安全警示标志的规定,一般包括:界定企业船岸可能存在危险因素的作业场所和设备设施范围,说明可能存在的危害因素(如易爆、易燃、毒害、腐蚀、放射性、易触电、易落水、易碰头、易踏空、高空坠落、易失灵失效与损坏等),危险种类和后果,明确设置安全警示标志的责任人、设置方式或形式与内容(如颜色、警示牌、警示语)和相应应急措施等; 企业和船舶应按规定对界定的可能存在危险因素的作业场所和设备设施设置明显的安全警示标志,标志符合安全要求,应急措施有效	**查资料:** 对存在危险因素的作业场所和设备设施设置安全警示标志的相关文件规定。 **现场检查:** 存在危险因素的作业场所和设备设施设置明显的安全警示标志的张贴情况和符合性	5	1. 未制定对存在危险因素的作业场所和设备设施设置安全警示标志的规定,扣5分; 2. 船岸可能存在危险因素的作业场所和设备设施未得到界定和标识或标识内容不全,1处扣1分	

续上表

评价类目	评价项目		释义	评价方法	标准分值	评价标准	得分
九、作业管理(200分)	13.变更管理	企业应制定并执行变更管理制度，对人员、货种、设备设施、管理及环境等永久性或暂时性的变化进行有计划的控制。变更的实施应履行审批及验收程序，对变更过程及变更所产生的隐患进行分析和控制，并保持变更记录	企业应对人员、货种、设备设施、管理及环境等变化进行有计划的控制，适用时，编制书面计划，并进行可行性分析； 适用时，企业应按有关规定对变更化情况相关报主管机关审批，所有变更实施过程应履行审批及验收程序； 对变更过程及变更所产生的隐患进行分析和控制，并保持变更记录	**查资料：** 1. 变更管理制度； 2. 可行性分析、实施计划、实施记录、审批、验收记录； 3. 适用时，主管机关审批资料； 4. 对变更过程及变更所产生的隐患分析和控制记录	5	1. 未制定变更管理制度，扣5分； 2. 变更制度对人员、货种、设备设施、管理及环境等变化应履行的审批及验收程序不明确，扣2分； 3. 按有关规定应对变化情况报主管机关审批，未执行的，扣2分； 4. 对变更过程及变更所产生的隐患未进行分析或未制定控制措施，每次扣2分； 5. 查变更控制记录，不符合要求，每1项扣1分	

续上表

评价类目	评价项目		释　　义	评价方法	标准分值	评价标准	得分
十、风险管理(60分)	1.一般要求	企业应依法依规建立健全安全生产风险管理制度,开展本单位管理范围内的风险辨识、评估、管控等工作,落实重大风险登记、重大危险源报备责任,防范和减少安全生产事故	依据《公路水路行业安全生产风险管理暂行办法》(交安监发〔2017〕60号)第三条明确要求:从事公路水路行业生产经营活动的企事业单位(以下简称生产经营单位)是安全生产风险管理的实施主体,应依法依规建立健全安全生产风险管理工作制度,开展本单位管理范围内的风险辨识、评估等工作,落实重大风险登记、重大危险源报备和控制责任,防范和减少安全生产事故	**查资料:** 1.企业安全生产风险管理工作制度(应含重大风险管理内容)和重大危险源管理制度(含辨识、报备和管控等内容); 2.企业安全生产风险辨识、评估方法(或规则); 3.本单位管理范围内的风险辨识、评估等工作的记录; 4.重大风险登记、报备,重大危险源辨识、建档、报备和控制等工作记录	5 AR	1.未制定发布企业安全生产风险管理工作制度,内容不符合要求的,不得分; 2.未制定发布企业安全生产风险辨识、评估指南(或规则)扣2分; 3.无风险辨识、评估等工作的记录,扣2分;记录不全面或缺失,扣1分; 4.重大风险未登记或报备,扣1分; 5.未开展重大危险源辨识、建档、报备和控制等工作,缺1项扣1分	

续上表

评价类目	评价项目		释义	评价方法	标准分值	评价标准	得分
十、风险管理(60分)	2.风险辨识	①企业应制定风险辨识规则,明确风险辨识的范围、方式和程序	依据《公路水路行业安全生产风险管理暂行办法》(交安监发〔2017〕60号)第十一条明确要求:生产经营单位应针对本单位生产经营活动范围及其生产经营环节,按照相关法规标准要求,编制风险辨识规则,明确风险辨识范围、方式和程序。 风险识别是指在风险事故发生之前,人们运用各种方法系统地、连续地认识所面临的各种风险以及分析风险事故发生的潜在原因。风险识别过程包含感知风险和分析风险两个环节。为更好地开展风险辨识工作,企业应制定风险辨识规则,明确辨识的范围、方式和程序等内容,指导原工作开展风险辨识工作。风险辨识的范围应包含了企业所人员、作业、过程和场所,辨识方式适合企业各岗位需求,辨识程序全面、合规	**查资料:** 风险辨识规则文件	5	1. 未编制风险辨识规则,不得分; 2. 风险辨识规则中风险辨识范围、方式和程序等内容不符合、不完善的,每项扣1分	

续上表

评价类目	评价项目		释义	评价方法	标准分值	评价标准	得分
十、风险管理(60分)	2.风险辨识	②风险辨识应系统、全面,并进行动态更新	企业风险是一个复杂的系统,其中包括不同类型、不同性质、不同损失程度的各种风险,故对风险进行识别,应该全面系统地考察、了解各种风险事件存在和可能发生的概率以及损失的严重程度,风险因素及因风险的出现而导致的其他问题。因此,必须系统、全面了解各种风险的存在和发生及其将引起的损失后果的详细情况,以便及时而清楚地为决策者提供比较完备的决策信息。同时,风险随生产工艺、装备和过程变化,环境变换,人的因素和管理的变化,风险致险因素、危害程度等也发生变化,相应的控制方法和措施也应随之改变,因此应进行动态更新	**查资料:** 风险辨识清单。 **现场检查:** 重点作业场所、关键岗位、设备存在的风险	5	1. 风险清单辨识不全面,每缺1项扣1分; 2. 风险清单未及时更新,扣2分	

续上表

评价类目	评价项目		释义	评价方法	标准分值	评价标准	得分
十、风险管理(60分)	2.风险辨识	③风险辨识应涉及所有的工作人员(包括外部人员)、工作过程和工作场所。安全生产风险辨识结束后应形成风险清单	风险辨识是运用各种方法对尚未发生的潜在风险以及客观存在的各种风险进行系统归类和全面识别。风险辨识不是一次能够完成的,它应该在整个安全生产过程中定期而有计划地进行,具有广泛性、全生命周期和信息依赖性,因为安全生产参与成员的工作性质不同,所面临的风险也会有所不同,他们都有自己独特的生产经历和风险管理经验,可以为识别生产的风险提供更多的途径。同时,由于生产有由不同分工协助组合完成,风险识别将涉及财务、工艺、设备、技术、管理等多个的不同知识领域;另外,风险存在于产品生产命期的各个阶段中,不同阶段会出现影响程度不同的风险,随着生产过程、条件(含场所)、环境、范围等的不断变化,新的风险又	**查资料:** 查风险辨识清单	3	风险清单未涉及所有的工作人员(包括外部人员)、工作过程和工作场所,每缺1项扣1分	

续上表

评价类目	评价项目		释义	评价方法	标准分值	评价标准	得分
十、风险管理(60分)	2.风险辨识		会产生,从而又需要开展新一轮的风险识别。总之,风险识别必然贯穿于生产的全过程和所有场所。风险辨识成果之一,就是形成风险清单				
	3.风险评估	①企业应从发生危险的可能性和严重程度等方面对风险因素进行分析,选定合适的风险评估方法,明确风险评估规则	风险评估是指风险识别、风险分析和风险评价的全过程。通过选择合适的评估方法对存在的安全生产风险和有害因素进行评估,确定风险程度和等级,并根据评估结果采取针对性的控制措施,确保风险控制在可接受的范围之内。 企业应编制风险评价规则,规则应根据不同岗位、过程和场所辨识风险,从发生危险的可能性和严重程度等方面对风险因素进行分析,推荐选择采用合适的风险评估方法	**查资料:** 风险评估规则	2	1. 企业无风险评估规则,不得分; 2. 风险评后规则未包含风险评估方法选择、评估人员资历、评估程序、评估记录、评估报告编制和归档等要求,缺1项扣1分	

续上表

评价类目	评价项目		释　义	评价方法	标准分值	评价标准	得分
十、风险管理(60分)	3.风险评估	②企业应依据风险评估规则,对风险清单进行逐项评估,确定风险等级	企业应依据风险评估规则,对风险清,选择合适评价方法进行逐项评估,确定风险等级	**查资料:** 1.风险清单; 2.重大风险清单; 3.风险分析记录、风险评价报告	5	1.无风险清单或未列出重大风险清单,不得分; 2.风险清单无风险等级,不得分;未全部评出风险等级,扣1分;风险等级判定不准确,每条扣1分; 3.无风险分析记录、风险评价报告,不得分;每缺一项,扣0.5分	
	4.风险控制	①企业应根据风险评估结果及经营运行情况等,按以下顺序确定控制措施: a.消除; b.替代; c.工程控制措施; d.设置标志警告和(或)管理控制措施; e.个体防护装备等	企业应根据风险评价的结果及经营运行情况等,确定不可接受的风险,制定并落实控制措施,将风险尤其是重大风险控制在可以接受的程度;风险控制措施符合相关标准要求。企业在选择风险控制措施时: (1)应考虑:①可行性,②安全性,③可靠性; (2)应包括:①工程技术措施,②管理措施,③培训教育措施,④个体防护措施。 应按照以下顺序确定控制措施:	**查资料:** 1.风险控制措施相关文件记录; 2.风险控制措施是否符合规定的控制顺序要求。 **现场检查结合询问:** 重点场所、关键岗位和设备设施的风险控制措施	5	1.文件未明确企业应根据风险评估结果及经营运行情况等按上述顺序确定控制措施,不得分; 2.风险控制措施不符合相关标准要求,扣1分; 3.重点场所、岗位、设备设施的风险控制措施不明确、不合理、不符合要求,每处扣1分	

续上表

评价类目	评价项目		释义	评价方法	标准分值	评价标准	得分
十、风险管理(60分)	4.风险控制		a.消除; b.替代; c.工程控制措施; d.设置标志警告和(或)管理控制措施; e.个体防护装备等				
		②企业应将安全风险评估结果及所采取的控制措施告知相关从业人员,使其熟悉工作岗位和作业环境中存在的安全风险,掌握、落实应采取的控制措施	《中华人民共和国安全生产法》第四十一条中规定:生产经营单位应当教育和督促从业人员严格执行本单位的安全生产规章制度和安全操作规程;并向从业人员如实告知作业场所和工作岗位存在的危险因素、防范措施以及事故应急措施。故企业应将安全风险评估结果及所采取的控制措施告知相关从业人员,使其熟悉工作岗位和作业环境中存在的安全风险,掌握、落实应采取的控制措施	**查资料:** 企业将安全风险评估结果及所采取的控制措施告知相关从业人员的文件、记录等活动档案,或告知交底档案文件资料,或岗前教育等相关活动记录。 **询问:** 至少3名人员是否熟悉本岗位安全风险评估结果及所采取的控制措施	5	1.企业无安全风险评估结果及所采取的控制措施告知相关从业人员的文件、记录等活动档案,或告知交底档案文件资料,或岗前教育等相关活动记录,扣2分; 2.有关人员不熟悉工作岗位和作业环境中存在的安全风险,每人扣1分; 3.不掌握或未落实应采取的控制措施,每处扣1分	

续上表

评价类目	评价项目		释义	评价方法	标准分值	评价标准	得分
十、风险管理(60分)	4.风险控制	③企业应建立风险动态监控机制,按要求对风险进行控制和监测,及时掌握风险的状态和变化趋势,以确保风险得到有效控制	《公路水路行业安全生产风险管理暂行办法》(交安监发〔2017〕60号)第十八条规定:生产经营单位应建立风险动态监控机制,按要求进行监测、评估、预警,及时掌握风险的状态和变化趋势。 风险动态监控对风险的发展与变化情况进行全程监督,并根据需要进行应对策略的调整。因为风险是随着内部外部环境的变化而变化的,它们在决策主体经营活动的推进过程中可能会增大或者衰退乃至消失,也可能由于环境的变化又生成新的风险。风险动态监控就是通过对风险规划、识别、估计、评价、应对全过程的监视和控制,从而保证风险管理能达到预期的目标,它是项目实施过程中的一项重要工作	**查资料:** 1.风险动态监控管理制度; 2.风险动态监控记录	3	1.企业未制定风险动态监控制度,不得分; 2.风险动态监控管理制度未明确监控项目、参数、责任人员、频次和方法等要求,每缺1项扣1分; 3.无风险动态监控记录,不得分,缺少1项监控记录扣1分; 4.企业风险控制未有效控制的,每项扣1分	

续上表

评价类目	评价项目		释义	评价方法	标准分值	评价标准	得分
十、风险管理(60分)	5.重大风险管控	①企业对重大风险进行登记建档,设置重大风险监控系统,制定动态监测计划,并单独编制专项应急措施	《公路水路行业安全生产风险管理暂行办法》(交安监发〔2017〕60号)第二十四条规定:生产经营单位应如实记录风险辨识、评估、监测、管控等工作,并规范管理档案。重大风险应单独建立清单和专项档案。第二十六条规定:(一)对重大风险制定动态监测计划,定期更新监测数据或状态,每月不少于1次,并单独建档;(二)重大风险应单独编制专项应急措施。 企业对确定的重大风险都应按照规定登记建档。重大风险档案主要内容包括基本信息、管控信息、预警信息和事故信息等	**查资料:** 1.企业重大风险登记档案; 2.重大风险监控系统及动态监测计划; 3.重大风险的专项应急措施	5 ★★	1.企业未建立重大风险登记档案,不得分;重大风险档案内容不全,扣1分; 2.重大风险监控系统填报不及时或不正确,扣1分; 3.未制定动态监测计划,不得分;计划不全面,扣1分; 4.无针对重大风险的专项应急措施,扣2分; 5.重大风险的专项应急措施不正确或不全面,每项扣1分	

续上表

评价类目	评价项目		释义	评价方法	标准分值	评价标准	得分
十、风险管理（60分）	5.重大风险管控	②企业应当在重大风险所在场所设置明显的安全警示标志，对进入重大风险影响区域的人员组织开展安全防范、应急逃生避险和应急处置等相关培训和演练	《公路水路行业安全生产风险管理暂行办法》（交安监发〔2017〕60号）第二十八条规定：生产经营单位应当在重大风险所在场所设置明显的安全警示标志，标明重大风险危险特性、可能发生的事件后果、安全防范和应急措施。 第二十七条规定：生产经营单位应对进入重大风险影响区域的本单位从业人员组织开展安全防范、应急逃生避险和应急处置等相关培训和演练	**现场检查：** 重大风险所在场所。 **查资料：** 培训和演练的计划和记录	5	1.现场未设置明显的安全警示标志，每处扣2分； 2.未标明重大风险危险特性、可能发生的事件后果、安全防范和应急措施，缺1项扣1分； 3.无培训计划或演练计划，扣1分； 4.无培训记录或培训记录不全，扣2分； 5.无演练记录或记录不全，扣1分；无演练总结，扣1分	

续上表

评价类目	评价项目		释义	评价方法	标准分值	评价标准	得分
十、风险管理(60分)	5.重大风险管控	③企业应当将本单位重大风险有关信息通过公路水路行业安全生产风险管理信息系统进行登记,构成重大危险源的应向属地负有安全生产监督管理职责的交通运输管理部门备案	《公路水路行业安全生产风险管理暂行办法》(交安监发〔2017〕60号)第三十条规定:生产经营单位应当将本单位重大风险有关信息通过公路水路行业安全生产风险管理信息系统进行登记,构成重大危险源的应向属地综合安全生产监督管理部门备案。登记(含重大危险源报备,下同)信息应当及时、准确、真实	**查系统:** 1. 本单位重大风险通过公路水路行业安全生产风险管理信息系统进行登记的记录; 2. 重大危险源通过系统向属地综合安全生产监督管理部门备案的记录。 **查资料:** 重大危险源备案资料	2 ★★★	1. 应将本单位重大风险有关信息通过公路水路行业安全生产风险管理信息系统进行登记; 2. 重大危险源的应通过系统向属地综合安全生产监督管理部门备案,或报送备案资质资料; 3. 登记(含重大危险源报备,下同)信息应及时、准确、真实	
		④重大风险经评估确定等级降低或解除的,企业应于规定的时间内通过公路水路行业安全生产风险管理系统予以销号	《公路水路行业安全生产风险管理暂行办法》(交安监发〔2017〕60号)第三十六条规定:重大风险经评估确定等级降低或解除的,生产经营单位应于5个工作日内通过公路水路行业安全生产风险管理系统予以销号	**查资料、系统:** 1. 重大风险评估报告; 2. 通过公路水路行业安全生产风险管理信息系统进行登记的记录	2	1. 重大风险确定等级降低或解除的,生产经营单位未通过公路水路行业安全生产风险管理系统予以销号,不得分; 2. 未在5个工作日内通过公路水路行业安全生产风险管理系统予以销号,扣1分	

续上表

评价类目	评价项目		释义	评价方法	标准分值	评价标准	得分
十、风险管理(60分)	6.预测预警	①企业应根据生产经营状况、安全风险管理及隐患排查治理、事故等情况,运用定量或定性的安全生产预测预警技术,建立企业安全生产状况及发展趋势的安全生产预测预警机制	预测预警是通过安全风险管理及隐患排查治理,查找导致危险前兆的根源,控制危险事态的进一步发展或将危险事件扼杀于萌芽状态,以减少危机的发生或降低危机危害程度的过程。预测预警的目的是当风险因素达到预警条件时,企业应及时发出预警信息,并立即采取针对性措施,防范安全生产事故发生;减少危机的发生或降低危机的破坏程度,实现企业的持续经营	**查资料:** 1.包含预测预警内容的制度文件; 2.定量或定性的安全生产预测预警技术的文件	5	1.相关制度文件未包含预测预警要求内容,不得分; 2.制度未规定了运用定量或定性的安全生产预测预警技术,扣2分,定量或定性的安全生产预测预警技术不合适的,扣1分; 3.未开展预测预警活动,扣3分; 4.采用的预测预警技术不适合企业重大危险源或重大风险预测预警实际情况,扣1分; 5.安全生产预测预警机制未定期评审,扣1分,未根据评审结果予以改进,扣1分	

续上表

评价类目	评价项目		释义	评价方法	标准分值	评价标准	得分
十、风险管理(60分)	6.预测预警	②当风险因素达到预警条件的,企业应及时发出预警信息,并立即采取针对性措施,防范安全生产事故发生	当风险因素达到预警条件时,企业应及时发出预警信息,并根据重大风险应急预案立即启动一级预案,按照应急预案要求采取针对性控制措施,防范安全生产事故发生	**查资料:** 1.发出预警信息的风险因素达到预警条件的规定文件; 2.启动应急预案的相关记录; 3.针对性措施的相关记录和台账	3	1.未制定发出预警信息的风险因素达到预警条件的规定条件,每项扣1分; 2.达到预警条件,未发出预警,扣1分; 3.无启动应急预案的相关记录,扣1分; 4.无采用相关针对性措施的相关记录和台账,扣1分	

续上表

评价类目	评价项目		释义	评价方法	标准分值	评价标准	得分
十一、隐患排查和治理(50分)	1.隐患排查	①企业应落实隐患排查治理和防控责任制，组织事故隐患排查治理工作，实行从隐患排查、记录、监控、治理、销账到报告的闭环管理	《安全生产法》第三十八条规定：生产经营单位应当建立健全生产安全事故隐患排查治理制度，采取技术、管理措施，及时发现并消除事故隐患。 《公路水路行业安全生产隐患治理管理暂行办法》(交安监发〔2017〕60号)第九条规定：生产经营单位应当建立健全隐患排查、告知(预警)、整改、评估验收、报备、奖惩考核、建档等制度，逐级明确隐患治理责任，落实到具体岗位和人员。 企业应依据有关法律法规、标准规范等，制定隐患排查治理和防控制度，实行从隐患排查、记录、监控、治理、销账到报告的闭环管理	**查资料：** 1.隐患排查治理和防控制度； 2.隐患排查相关记录和报告	5 ★★★	1.企业应制定隐患排查治理和防控制度； 2.企业应明确隐患排查治理的责任部门和人员； 3.制度应明确隐患排查、记录、监控、治理、销账和报告等闭环管理要求	

续上表

评价类目	评价项目		释义	评价方法	标准分值	评价标准	得分
十一、隐患排查和治理(50分)	1. 隐患排查	②企业应依据有关法律法规、标准规范等,组织制定各部门、岗位、场所、设备设施的隐患排查治理标准或排查清单,明确隐患排查的时限、范围、内容和要求,并组织开展相应的培训。隐患排查的范围应包括所有与生产经营相关的场所、人员、设备设施和活动,包括承包商和供应商等相关服务范围	依据《安全生产事故隐患排查治理暂行规定》(国家安全生产监督管理总局令2007第16号)、《公路水路行业安全生产隐患治理管理暂行办法》(交安监发〔2017〕60号)要求,组织制定各部门、岗位、场所、设备设施的隐患排查治理标准或排查清单,明确隐患排查的时限、范围、内容和要求,并组织开展相应的培训。隐患排查的范围应包括所有与生产经营相关的场所、人员、设备设施和活动,包括承包商和供应商等相关服务范围	**查资料:** 1. 隐患排查治理标准或排查清单; 2. 隐患排查方案和记录; 3. 培训的计划和记录	5 AR	1. 未组织制定各部门、岗位、场所、设备设施的隐患排查治理标准或排查清单,扣2分,缺1项,扣0.5分; 2. 未制定年度隐患排查方案,扣1分,隐患排查的时限、范围、内容和要求缺1项,扣0.5分; 3. 隐患排查的范围未包括所有与生产经营相关的场所、环境、人员、设备设施和活动,每缺1项扣1分; 4. 无开展相应的培训的计划和记录,扣1分	

续上表

评价类目	评价项目		释义	评价方法	标准分值	评价标准	得分
十一、隐患排查和治理(50分)	1.隐患排查	③生产经营单位应当建立事故隐患日常排查、定期排查和专项排查工作机制。日常排查每周应不少于1次,定期排查每半年应不少于1次,并根据政府及有关管理部门安全工作的专项部署、季节性变化或安全生产条件变化情况进行专项排查	《公路水路行业安全生产隐患治理管理暂行办法》(交安监发〔2017〕60号)第十一条规定:生产经营单位应当建立隐患日常排查、定期排查和专项排查工作机制,明确隐患排查的责任部门和人员、排查范围、程序、频次、统计分析、效果评价和评估改进等要求,及时发现并消除隐患。 第十二条规定:日常排查每周应不少于1次。 第十三条规定:隐患专项排查是生产经营单位在一定范围、领域组织开展的针对特定隐患的排查,一般包括: (一)根据政府及有关管理部门安全工作专项部署,开展针对性的隐患排查; (二)根据季节性、规律性安全生产条件变化,开展针对性的隐患排查;	**查资料:** 隐患排查记录	5	1.未开展事故隐患日常排查、定期排查和专项排查工作,不得分;缺1项,扣2分; 2.日常排查每周少于1次,扣1分; 3.定期排查每半年少于1次,扣1分; 4.未根据政府及有关管理部门安全工作的专项部署、季节性变化或安全生产条件变化情况进行专项排查的记录,扣2分	

续上表

评价类目	评价项目		释义	评价方法	标准分值	评价标准	得分
十一、隐患排查和治理(50分)	1.隐患排查		(三)根据新工艺、新材料、新技术、新设备投入使用对安全生产条件形成的变化,开展针对性的隐患排查; (四)根据安全生产事故情况,开展针对性的隐患排查。 第十四条规定:定期排查每半年应不少于1次				
		④企业应填写事故隐患排查记录,依据确定的隐患等级划分标准对发现或排查出的事故隐患进行判定,确定事故隐患等级并进行登记,形成事故隐患清单。企业应将重大事故隐患向属地负有安全生产监督管理职责的交通运输管理部门备案	企业应根据《公路水路行业安全生产隐患治理管理暂行办法》(交安监发〔2017〕60号)中重大隐患的判定原则,制定企业重大隐患判定标准,依据确定的隐患等级划分标准对发现或排查出的事故隐患进行判定,确定事故隐患等级并进行登记,形成事故隐患清单。 企业应通过系统将重大事故隐患向属地负有安全生产监督管理职责的交通运输管理部门备案	**查资料:** 1.企业重大隐患判定标准文件; 2.隐患排查记录; 3.事故隐患清单; 4.企业通过系统将重大事故隐患向属地负有安全生产监督管理职责的交通运输管理部门备案记录	5 ★★	1.企业未制定本企业重大隐患判定标准,扣2分; 2.未依据确定的隐患等级划分标准对发现或排查出的事故隐患进行判定,扣1分; 3.未确定事故隐患等级并进行登记,形成事故隐患清单,扣2分; 4.无重大事故隐患向属地负有安全生产监督管理职责的交通运输管理部门备案记录,扣2分	

续上表

评价类目	评价项目		释　　义	评价方法	标准分值	评价标准	得分
十一、隐患排查和治理(50分)	2.隐患治理	①对于一般事故隐患,企业应按照职责分工立即组织整改,确保及时进行治理	《中华人民共和国安全生产法》第十八条中规定:督促、检查本单位的安全生产工作,及时消除生产安全事故隐患。 《公路水路行业安全生产隐患治理管理暂行办法》(交安监发〔2017〕60号)第十九条规定:生产经营单位应对排查出的隐患立即组织整改,隐患整改情况应当依法如实记录,并向从业人员通报。故对于一般事故隐患,企业应按照职责分工立即组织整改,做到定治理措施、定负责人、定资金来源、定治理期限、定预案,确保及时进行治理	**查资料:** 隐患排查治理记录	5	1.企业未保留相关文件资料及活动记录,扣2分; 2.未及时组织隐患治理或整改不到位,扣1分; 3.未做到定治理措施、定负责人、定资金来源、定治理期限、定预案,缺1项扣0.5分; 4.未落实一般安全隐患防范和整改措施,扣1分	

续上表

评价类目	评价项目		释义	评价方法	标准分值	评价标准	得分
十一、隐患排查和治理(50分)	2. 隐患治理	②对于重大事故隐患,企业主要负责人组织制定专项隐患治理整改方案,并确保整改措施、责任、资金、时限和预案“五到位”。整改方案应包括: a. 整改的目标和任务; b. 整改方案和整改期的安全保障措施; c. 经费和物资保障措施; d. 整改责任部门和人员; e. 整改时限及节点要求; f. 应急处置措施; g. 跟踪督办及验收部门和人员	《公路水路行业安全生产隐患治理管理暂行办法》(交安监发〔2017〕60 号)第二十二条规定:重大隐患整改应制定专项方案,包括以下内容: (一)整改的目标和任务; (二)整改技术方案和整改期的安全保障措施; (三)经费和物资保障措施; (四)整改责任部门和人员; (五)整改时限及节点要求; (六)应急处置措施; (七)跟踪督办及验收部门和人员。 《安全生产事故隐患排查治理暂行规定》(国家安全生产监督管理总局令 2007 年第 16 号)规定:企业应当按照国家有关规定将本单位重大危险源及有关安全措施、应急措施,报负有安全生产监督管理的部门和有关部门备案,做到整改措施、责任、资金、时限和预案“五到位”	**查资料:** 1. 重大隐患清单; 2. 专项隐患治理整改方案和记录	5 AR	1. 未组织制定专项隐患治理整改方案,缺 1 项扣 1 分; 2. 整改专项方案不符合要求,每处扣 1 分; 3. 无“五到位”的记录和证据,扣 1 分	

续上表

评价类目	评价项目		释义	评价方法	标准分值	评价标准	得分
十一、隐患排查和治理(50分)	2.隐患治理	③企业在事故隐患整改过程中,应采取相应的监控防范措施,防止发生次生事故	《公路水路行业安全生产隐患治理管理暂行办法》(交安监发〔2017〕60号)第二十一条规定:生产经营单位在隐患整改过程中,应当采取相应的安全防范措施,防范发生安全生产事故	**查资料:** 1.企业在事故隐患整改过程中,采取相应的监控防范措施的记录和证据; 2.事故报告	5	1.企业在事故隐患整改过程中,无采取相应的监控防范措施的记录和证据,扣2分; 2.有发生次生事故的,扣3分	
		④事故隐患整改完成后,企业应按规定进行验证或组织验收,出具整改验收结论,并签字确认。重大事故隐患整改验收通过的,企业应将验收结论向属地负有安全生产监督管理职责的交通运输管理部门报备,并申请销号	《公路水路行业安全生产隐患治理管理暂行办法》(交安监发〔2017〕60号)第二十条规定:一般隐患整改完成后,应由生产经营单位组织验收,出具整改验收结论,并由验收主要负责人签字确认。第二十四条规定:重大隐患整改验收通过的,生产经营单位应将验收结论向属地负有安全生产监督管理职责的交通运输管理部门报备,并申请销号	**查资料:** 隐患整改验收记录。 查系统: 1.重大事故隐患报备资料; 2.销号申请记录和申报材料	5 ★★★	1.一般隐患整改完成后,生产经营单位应组织验收; 2.应有整改验收结论记录; 3.验收主要负责人应签字确认; 4.重大事故隐患整改验收通过的,企业应将验收结论向属地负有安全生产监督管理职责的交通运输管理部门报备资料; 5.应有销号申请记录;	

续上表

评价类目	评价项目		释义	评价方法	标准分值	评价标准	得分
十一、隐患排查和治理(50分)	2. 隐患治理					6. 报备申请材料应包括:重大隐患基本情况及整改方案、重大隐患整改过程、验收机构或验收组基本情况、验收报告及结论	
		⑤企业应对重大事故隐患形成原因及整改工作进行分析评估,及时完善相关制度和措施,依据有关规定和制度对相关责任人进行处理,并开展有针对性的培训教育	《公路水路行业安全生产隐患治理管理暂行办法》(交安监发〔2017〕60号)第二十五条规定:重大隐患整改验收完成后,生产经营单位应对隐患形成原因及整改工作进行分析评估,及时完善相关制度和措施,依据有关规定和制度对相关责任人进行处理,并开展有针对性的培训教育	**查资料:** 1. 重大隐患分析评估记录和文件资料; 2. 对相关制度和措施修改完善记录; 3. 相关责任人进行处理文件记录; 4. 开展针对性的培训教育的记录	5	1. 生产经营单位无对隐患形成原因及整改工作进行分析评估记录和文件资料,扣2分; 2. 未根据分析评估结果,对相关制度和措施修改完善,扣1分; 3. 无依据规定和制度对相关责任人进行处理文件记录,扣2分; 4. 未开展针对性的培训教育的记录,扣1分	

续上表

评价类目	评价项目		释　义	评价方法	标准分值	评价标准	得分
十一、隐患排查和治理(50分)	2.隐患治理	⑥企业应对事故隐患排查治理情况如实记录，建立相关台账，并定期组织对本单位事故隐患治理情况进行统计分析，及时梳理、发现安全生产问题和趋势，形成统计分析报告，改进安全生产工作	《公路水路行业安全生产隐患治理管理暂行办法》(交安监发〔2017〕60号)第十七条规定：生产经营单位应认真填写隐患排查记录，形成隐患排查工作台账，包括排查对象或范围、时间、人员、安全技术状况、处理意见等内容，经隐患排查直接责任人签字后妥善保存。第二十六条规定：生产经营单位应当根据生产经营活动特点，定期组织对本单位隐患治理情况进行统计分析，及时梳理、发现安全生产苗头性问题和规律，形成统计分析报告，改进安全生产工作	**查资料：** 1.隐患排查工作台账； 2.隐患治理情况进行统计分析记录	5	1.生产经营单位填写隐患排查记录不准确、全面，扣1分； 2.隐患排查工作台账不完整、不规范，缺治理方案、控制措施、评估报告书、验收报告等过程记录，每项扣1分，未及时归档保存，扣1分； 3.未进行统计分析的，扣1分； 4.未根据分析报告，改进安全生产工作，扣2分，有改进，无记录的，扣1分	

续上表

评价类目	评价项目		释义	评价方法	标准分值	评价标准	得分
十二、职业健康(20分)	1.健康管理	①企业应落实职业病防治主体责任,按规定设置职业健康管理机构和配备专(兼)职管理人员;落实职业病危害告知、日常监测、定期报告和防护保障等制度措施	《中华人民共和国职业病防治法》规定,用人单位应当采取下列职业病防治管理措施: (一)设置或者指定职业卫生管理机构或者组织,配备专职或者兼职的职业卫生管理人员,负责本单位的职业病防治工作; (二)制定职业病防治计划和实施方案; (三)建立、健全职业卫生管理制度和操作规程; (四)建立、健全职业卫生档案和劳动者健康监护档案; (五)建立、健全工作场所职业病危害因素监测及评价制度; (六)建立、健全职业病危害事故应急救援预案。	**查资料:** 1. 企业设置或任命职业健康管理机构或人员文件; 2. 企业职业危害管理制度; 3. 企业建立的职业卫生档案; 4. 企业定期职业危害因素监测记录; 5. 劳动合同。 **现场检查:** 职业危害场所及岗位	5	1. 未设置职业健康管理机构或未指定专兼职人员的,不得分; 2. 人员不能胜任的,不得分; 3. 未建立职业危害管理制度的,不得分; 4. 未按照职业危害管理制度开展日常职业危害检测和管理活动的,每项扣1分; 5. 未向劳动者告知工作过程中可能产生的职业病危害及其后果的,每少1人扣0.5分	

续上表

评价类目	评价项目		释义	评价方法	标准分值	评价标准	得分
十二、职业健康(20分)	1.健康管理		《中华人民共和国职业病防治法》第三十三条规定:用人单位与劳动者订立劳动合同(含聘用合同,下同)时,应当将工作过程中可能产生的职业病危害及其后果、职业病防护措施和待遇等如实告知劳动者,并在劳动合同中写明,不得隐瞒或者欺骗。 劳动者在已订立劳动合同期间因工作岗位或者工作内容变更,从事与所订立劳动合同中未告知的存在职业病危害的作业时,用人单位应当依照前款规定,向劳动者履行如实告知的义务,并协商变更原劳动合同相关条款				

续上表

评价类目	评价项目		释义	评价方法	标准分值	评价标准	得分
十二、职业健康(20分)	1.健康管理	②提供符合职业卫生要求的工作环境和条件;应按规定组织有关从业人员进行职业健康检查,并建立有关从业人员职业健康档案	《中华人民共和国职业病防治法》第四条规定:劳动者依法享有职业卫生保护的权利。用人单位应当为劳动者创造符合国家职业卫生标准和卫生要求的工作环境和条件,并采取措施保障劳动者获得职业卫生保护。工会组织依法对职业病防治工作进行监督,维护劳动者的合法权益。用人单位制定或者修改有关职业病防治的规章制度,应当听取工会组织的意见。 第三十五条规定:对从事接触职业病危害的作业的劳动者,用人单位应当按照国务院安全生产监督管理部门、卫生行政部门的规定组织上岗前、在岗期间和离岗时的职业健康检查,并将检查结果书面告知劳动者。职业健康检查费用由用人单位承担。 第三十六条规定:用人单位应当为劳动者建立职业健康监护档案,并按照规定的期限妥善保存	**查资料:** 1.职业健康检查记录; 2.存在职业危害的作业场所从业人员健康监护档案。 **现场检查:** 存在职业危害的作业场所预防措施落实情况	5	1.存在职业危害的作业场所防护设施和环境不符合法规及标准规范要求的,每处扣2分; 2.未对职业危害岗位人员进行上岗前、在岗期间和离岗时的职业健康检查的,每缺少1人扣1分; 3.未建立从业人员健康监护档案的,每缺少1人扣1分	

续上表

评价类目	评价项目		释义	评价方法	标准分值	评价标准	得分
十二、职业健康(20分)	1. 健康管理	③企业应按规定对存在或者可能产生职业病危害的工作场所、作业岗位、设备、设施设置警示标识和中文警示说明	《中华人民共和国职业病防治法》第二十四条规定:产生职业病危害的用人单位,应当在醒目位置设置公告栏,公布有关职业病防治的规章制度、操作规程、职业病危害事故应急救援措施和工作场所职业病危害因素检测结果。 对产生严重职业病危害的作业岗位,应当在其醒目位置,设置警示标识和中文警示说明。警示说明应当载明产生职业病危害的种类、后果、预防以及应急救治措施等内容	**现场检查:** 1. 职业危害场所现场告知及公示; 2. 对存在严重职业危害的作业岗位,按照《工作场所职业病危害警示标识》(GBZ 158—2003)的要求,在醒目位置设置警示标志和警示说明	5 AR	1. 对存在严重职业危害的作业岗位未设置标志和说明的,不得分,缺少标志和说明的,每处扣0.5分。标志和说明内容(含职业危害的种类、后果、预防以及应急救治措施等)不全的,每处扣0.5分; 2. 产生职业病危害的用人单位,未在醒目位置设置公告栏,公布有关职业病防治的规章制度、操作规程、职业病危害事故应急救援措施和工作场所职业病危害因素检测结果的,每处扣0.5分	
	2. 职业危害申报	企业应按规定及时、如实向当地主管部门申报运营过程中存在的职业病危害因素,并接受其监督	《中华人民共和国职业病防治法》第十六条规定:国家建立职业病危害项目申报制度。 用人单位工作场所存在职业病目录所列职业病的危害因素的,应当及时、如实向所在地安全生产监督管理部门申报危害项目,接受监督	**查资料:** 1. 企业在作业场所职业病危害申报与备案管理系统中申报记录; 2. 企业向所在地安全生产监督管理部门申报备案记录	5	1. 存在职业病危害因素的用人单位未进行作业场所职业病危害申报与备案的,不得分; 2. 企业针对主管部门提出的整改措施未进行及时整改的,每项扣2分	

续上表

评价类目	评价项目		释义	评价方法	标准分值	评价标准	得分
十三、安全文化(30分)	1.安全环境	①设立安全文化廊、安全角、黑板报、宣传栏等员工安全文化阵地	本条所称“安全文化”是指被企业组织的员工群体所共享的安全价值观、态度、道德和行为规范组成的统一体。加强安全教育基地建设,充分利用电视、互联网、报纸、广播等多种形式和手段普及安全常识,增强全社会科学发展、安全发展的思想意识是每一个企业责任和义务。企业按照《企业安全文化建设导则》(AQT 9004—2008)要求,从思想上、心态上去宣传、教育、引导,不断向员工灌输“以人为本,安全第一”“安全就是效益、安全创造效益”“行为源于认识,预防胜于处罚,责任重于泰山”“安全不是为了别人,而是为了你自己”安全价值观,形成人人重视安全,人人为安全尽责的良好氛围。应从制度上明确企业安全文化宣传的频率,内容和方式,从而促使企业自觉主动开展安全文化创建活动	**查资料:** 安全文化宣传资料。 **现场检查:** 查企业安全文化阵地	5	1.未设立安全文化廊、安全角、黑板报、宣传栏等员工安全文化阵地的,不得分; 2.安全文化阵地内容不符合法规要求的,每项扣0.5分	

续上表

评价类目	评价项目		释义	评价方法	标准分值	评价标准	得分
十三、安全文化(30分)	1.安全环境	②公开安全生产举报电话号码、通信地址或者电子邮件信箱。对接到的安全生产举报和投诉及时予以调查和处理,并公开处理结果	加强对安全生产违法违规行为监督管理对于减少和杜绝安全生产“三违”行为有着十分重要意义。企业要充分发挥广大职工的参与作用,依法维护和落实企业职工对安全生产的参与权与监督权,鼓励职工监督举报各类安全隐患,对处理结果要及时公开,起到警示警醒的作用	**查资料:** 1.安全生产举报投诉及调查管理制度; 2.安全生产举报投诉登记台账。 **现场检查:** 1.是否公开安全生产举报、投诉电话号码、通信地址或电子邮箱等安全生产举报投诉渠道; 2.是否公布了调查处理结果	5 AR	1.无安全生产举报投诉制度,扣2分; 2.没有公开安全生产举报投诉渠道,扣2分; 3.对接到的安全生产举报和投诉未及时调查和处理或处理结果未公开的,每次扣0.5分	
	2.安全行为	①企业应建立包括安全价值观、安全愿景、安全使命和安全目标等在内的安全承诺	本条所称“安全承诺”是指由企业公开做出的、代表了全体员工在关注安全和追求安全绩效方面所具有的稳定意愿及实践行动的明确表示。安全承诺就是兑现落实安全生产责任,并通过公开承诺这种形式约束和规范自身的行为,接受政府、社会和从业人员的监督	**查资料:** 1.查企业开展安全承诺活动证明资料; 2.安全生产承诺书。 **询问:** 至少3名员工是否了解安全承诺的内容	5 ★	1.企业未开展安全承诺活动,扣5分; 2.未签订安全承诺书扣1分; 3.相关人员不了解安全承诺内容的,每人次扣0.5分	

续上表

评价类目	评价项目		释义	评价方法	标准分值	评价标准	得分
十三、安全文化(30分)	2. 安全行为	②企业应结合企业实际编制员工安全知识手册,并发放到职工	编制员工安全知识手册是宣传安全文化的一个重要载体,也是企业规范员工安全行为的一项重要措施,企业应该按照有关规定编制安全知识手册,并发放到每位员工。目的在于让所有从业人员时刻保持安全警钟长鸣,让安全意识常增,让企业发展常安	**查资料:** 1. 企业安全知识手册; 2. 安全知识手册发放记录。 **询问:** 至少3名员工对本岗位相关的安全知识手册内容的熟悉情况	5	1. 未编制手册,不得分; 2. 无发放记录,扣2分; 3. 抽查从业人员,询问人员不了解本岗位相关安全知识手册内容的,每人次扣1分	
		③企业应组织开展安全生产月活动、安全生产班组竞赛活动,有方案、有总结	每年6月我国各大部委都要组织开展安全生产月活动,安全生产月活动及有关安全生产竞赛活动已成为安全生产管理过程中的一项重要活动。通过活动营造安全生产氛围,进一步强化企业安全管理,增强从业人员的安全意识,促进企业安全生产的持续稳定。 企业应按国家、有关上级部门和行业主管部门要求,结合企业制度和实际,制定本企业的活动方案,明确指导思想、活动主题、领导组织机构、具体内容和总结上报等活动要求	**查资料:** 1. 企业开展安全生产月活动和安全生产班组竞赛活动的方案; 2. 相关活动记录资料; 3. 相关活动总结材料	5	1. 未制定安全生产月活动、安全生产班组竞赛活动方案的,每项扣1分; 2. 未按方案开展相关活动的,每项扣1分; 3. 未对相关活动进行总结,每项扣2分	

续上表

评价类目	评价项目		释义	评价方法	标准分值	评价标准	得分
十三、安全文化(30分)	2. 安全行为	④企业应对安全生产进行检查、评比、考评、总结和交流经验,推广安全生产先进管理方法,对在安全工作中做出显著成绩的集体、个人给予表彰、奖励,并与其经济利益挂钩	对安全生产进行多种形式的检查,有利于企业各部门、基层单位发现和整改安全隐患,通过评比、考评,有利于优秀集体或个人脱颖而出。通过对优秀集体或个人的好的安全管理经验进行总结,一方面使优者将其好的做法和经验进行提升、固化,另一方面更有利于其他集体或个人进行学习,促进其安全绩效的不断改进和企业整体安全管埋水平的不断提升。 至少每年对在安全工作中做出显著成绩的集体、个人给予一次表彰和奖励,并与其经济利益挂钩。一方面对优秀集体和个人的安全管理和安全行为的充分肯定和鼓励,有利于其继续保持良好的作风和传统;另一方面,有利于充分发挥优秀集体和个人的榜样和典范作用	**查资料:** 1. 安全生产管理制度; 2. 企业定期总结和交流经验,推广安全生产先进管理方法的证明材料; 3. 奖励表彰的证明文件	5	1. 未定期开展总结和交流经验,推广安全生产先进管理方法活动的,扣2分; 2. 未按规定对安全工作中做出显著成绩的集体、个人给予进行表彰、奖励的,扣3分	

续上表

评价类目	评价项目		释义	评价方法	标准分值	评价标准	得分
十四、应急管理(70分)	1.预案制定	①企业应在开展安全风险评估和应急资源调查的基础上,建立生产安全事故应急预案体系,制定符合《生产经营单位生产安全事故应急预案编制导则》(GB/T 29639—2013)规定的生产安全事故应急预案,针对安全风险较大的重点场所(设施)制定现场处置方案,并编制重点岗位、人员应急处置卡	生产安全事故应急救援预案,是指生产经营单位根据本单位的实际情况,针对可能发生的事故的类别、性质、特点和范围等情况制定的事故发生时的组织、技术措施和其他应急措施	**查资料:** 1.安全风险评估和应急资源调查报告; 2.生产安全事故应急预案; 3.现场处置方案及重点岗位、人员的应急处置卡	10 AR	1.未编制安全风险评估和应急资源调查报告,扣1分; 2.生产安全事故应急预案体系不全,每项扣2分; 3.现场处置方案不全,每项扣2分; 4.重点岗位、人员应急处置卡不全,或处置卡信息不完整,每项扣1分	

续上表

评价类目	评价项目		释义	评价方法	标准分值	评价标准	得分
十四、应急管理（70分）	1.预案制定	②应急预案应与当地政府、行业管理部门预案保持衔接，报当地有关部门备案，通报有关协作单位	根据《企业安全生产标准化基本规范》和《关于进一步加强企业安全生产工作的通知》，企业应急预案应根据有关规定报当地主管部门备案，与当地政府应急预案保持衔接，通报有关应急协作单位，并定期进行演练	**查资料：** 1. 文件：获取的当地政府、行业管理部门的应急预案； 2. 应急预案报当地有关部门备案的记录； 3. 应急预案通报有关协作单位的记录	5	1. 未明确如何将企业突发事件应急预案与行业主管部门、政府预案保持衔接，扣3分； 2. 突发事件应急预案未报备属地行业主管部门和当地政府安全监督管理等部门，扣2分； 3. 未与协作单位联动，扣1分	
		③企业应组织开展应急预案评审或论证，并定期进行评估和修订	根据《企业安全生产标准化基本规范》和《生产安全事故应急预案管理办法》，应急预案应定期评审，并根据评审结果或实际情况的变化进行修订和完善，至少每3年修订1次，预案修订情况应有记录并归档	**查资料** 1. 应急预案定期评审的管理规定； 2. 应急预案的定期评审记录：包括评审会议签到表、应急预案评审记录等； 3. 应急预案修订相关记录	5 ★★	1. 未将应急预案执行情况纳入企业安全生产标准化定期评审制度，扣5分； 2. 未按规定对应急预案进行定期评审，扣5分； 3. 未根据评审情况对预案进行修改完善，扣3分； 4. 查相关记录，应急预案修订未向事先报备或通报的单位或部门报告，扣2分	

续上表

评价类目	评价项目		释义	评价方法	标准分值	评价标准	得分
十四、应急管理(70分)	2.应急队伍	①企业应按照有关规定建立应急管理组织机构或指定专人负责应急管理工作,建立与本企业安全生产特点相适应的专(兼)职应急救援队伍	根据《企业安全生产标准化基本规范》规定,企业应建立与本单位安全生产特点相适应的专(兼)职应急救援队伍,或指定专兼职应急救援人员	**查资料:** 1.建立应急管理组织机构或专(兼)职应急救援队伍的文件; 2.应急救援队伍职责; 3.应急救援人员名单。 **询问:** 至少3名应急救援人员联系方式并验证	5	1.未明确相应的专(兼)职应急救援队伍的组成、职责,扣5分; 2.未汇编应急救援人员的岗位、姓名、联系方式,扣3分; 3.按应急救援人员名单,抽查至少3名应急救援人员,联系方式等信息不准确,扣2分	
		②企业应组织应急救援人员日常训练	《企业安全生产标准化基本规范》规定,企业应建立与本单位安全生产特点相适应的专兼职应急救援队伍,或指定专兼职应急救援人员,并组织训练;无须建立应急救援队伍的,可与附近具备专业资质的应急救援队伍签订服务协议	**查资料:** 1.应急救援人员日常训练计划; 2.应急救援人员日常训练记录,包括签到表、训练记录、训练效果评价记录	5	1.未制定应急救援人员日常训练计划,扣5分,内容不完善,扣1~2分; 2.未按计划组织应急救援人员训练,扣3分; 3.应急救援人员日常训练记录不完整,每缺1项,扣1分	

续上表

评价类目	评价项目		释义	评价方法	标准分值	评价标准	得分
十四、应急管理（70分）	3.应急物资	①企业应根据可能发生的事故种类特点，按照有关规定设置应急设施，配备应急装备，储备应急物资	应急装备是指用于应急管理与应急救援的工具、器材、服装、技术力量等。 《企业安全生产标准化基本规范》规定，企业应按规定建立应急设施，配备应急装备	**查资料：** 1. 公司应急物资/设施台账； 2. 应急物资购置、更新、发放台账。 **现场检查：** 救援应急物资、装备的储备场所：配备应急物资/装备的种类、数量	5 AR	1. 未按规定配备相应的救援应急物资和装备，缺1项扣1分； 2. 未及时配置和更新应急物资，每缺少1项扣0.5分	
		②企业应建立管理台账，安排专人管理，并定期检查、维护，确保其完好、可靠	《生产安全事故应急预案管理办法》规定，生产经营单位应当按照应急预案的要求配备相应的应急物资及装备，建立使用状况档案，定期检测和维护，使其处于良好状态	**查资料：** 1. 应急物资购置、更新、发放台账； 2. 应急物资/装备定期检测、维护记录。 **现场检查：** 应急装备的使用状态	5	1. 未建立应急装备维护、检查检测、使用状况的台账和档案，扣3分，记录不详细，扣1分； 2. 现场查看，按规定对应急装备进行日常维护和检查，应急装备状态不良，每个扣1分	

续上表

评价类目	评价项目		释　　义	评价方法	标准分值	评价标准	得分
十四、应急管理(70分)	4. 应急演练	①企业应按照《生产安全事故应急演练指南》(AQ/T 9007—2011)的规定定期组织公司(厂),车间(工段、区、队、船、项目部),班组开展生产安全事故应急演练,做到一线从业人员参与应急演练全覆盖	应急预案演练是指针对可能发生的事故、按照应急预案规定的程序和要求所进行的程序化模拟训练演练。 《生产安全事故应急预案管理办法》规定:生产经营单位应当制定本单位的应急预案演练计划,根据本单位的事故预防重点,每年至少组织一次综合应急预案演练或者专项应急预案演练,每半年至少组织一次现场处置方案演练	**查资料:** 1. 应急预案演练计划; 2. 应急预案演练记录,包括应急预案演练通知、演练方案、演练签到表、演练记录及影像资料	10 ★★★	1. 应按规定制定应急预案演练计划,并印发; 2. 应按计划开展应急演练,并保留应急演练记录,应急演练记录,应完整、齐全,真实	
		②企业应按照《生产安全事故应急演练评估规范》(AQ/T 9009—2015)的规定对演练进行总结和评估,根据评估结论和演练发现的问题,修订、完善应急预案,改进应急准备工作	《生产安全事故应急预案管理办法》规定,应急预案演练结束后,应急预案演练组织单位应当对应急预案演练效果进行评估,撰写应急预案演练评估报告,分析存在的问题,并对应急预案提出修订意见	**查资料:** 1. 应急演练总结和评估的规定(明确责任人和要求); 2. 应急演练总结、评审记录、评审报告; 3. 演练发现问题的分析整改资料; 4. 应急预案修订相关资料	5	1. 未明确应急演练效果评审的责任人和要求,扣2分; 2. 未及时编写评审报告,扣5分;评审报告内容不完善,扣1~2分; 3. 评审提出的问题的分析整改资料不完善,扣2分; 4. 未针对存在的问题,对应急预案提出修订意见,并及时修订,扣3分	

续上表

评价类目	评价项目		释　义	评价方法	标准分值	评价标准	得分
十四、应急管理(70分)	5.应急处置	发生事故后,企业应根据预案要求,立即启动应急响应程序,按照有关规定报告事故情况,并开展先期处置	《生产安全事故应急预案管理办法》规定:生产经营单位发生事故后,应当及时启动应急预案,组织有关力量进行救援,并按照规定将事故信息及应急预案启动情况报告安全生产监督管理部门和其他负有安全生产监督管理职责的部门	**查资料:** 1. 事故台账; 2. 事故调查处理报告	5	1. 未发生过事故的,本项得满分; 2. 接到事故信息后,未按规定及时启动应急预案,并实施现场应急救援,扣5分; 3. 应急预案不能起到快速反应,迅速处置,避免人员伤亡、减少财产损失、降低环境污染程度,扣3分; 4. 未按规定向有关部门报告事故情况,扣3分	

续上表

评价类目	评价项目		释　　义	评价方法	标准分值	评价标准	得分
十四、应急管理(70分)	6.应急评估	①企业应对应急准备、应急处置工作进行评估	应急准备评估是对政府、生产经营单位的应急管理机构、应急预案编制、应急培训、应急演练、应急队伍、应急资源等进行评估，以确保其具备相应的应急准备能力、保存其持续改进机制，并形成书面报告的活动	**查资料：** 1. 应急准备/应急处置评估管理规定； 2. 应急准备/应急处置评估计划，可包括动态评估、静态评估； 3. 应急准备/应急处置评估记录、评估报告； 4. 评估发现问题的整改、落实资料	5 ★	1. 未制定应急准备、应急处置评估相关规定，扣2分； 2. 未按计划开展应急准备/应急处置评估，评估报告内容不全，扣1～3分； 3. 应急准备、应急处置评估记录、问题整改记录等不全，缺1项，扣0.5分	
		②运输、储存危险物品或处置废弃危险物品的企业，应每年进行一次应急准备评估	安全生产应急准备评估指南中要求被评估单位至少每年组织一次安全生产应急准备评估，所编制的评估报告应针对评估过程中发现的问题制定整改措施，并组织落实	**查资料：** 1. 年度应急准备评估计划； 2. 年度应急准备评估记录、评估报告； 3. 评估发现问题、整改措施及落实资料	3	1. 未制定年度应急准备评估计划，扣1分； 2. 未按计划安排组织应急准备评估，扣3分； 3. 评估记录、评估报告、评估问题的整改资料不完整，扣1～2分	

续上表

评价类目	评价项目		释义	评价方法	标准分值	评价标准	得分
十四、应急管理(70分)	6.应急评估	③完成险情或事故应急处置后,企业应主动配合有关组织开展应急处置评估	为了掌握公司应对险情或生产安全事故的情况,对公司应急能力进行评估,找出应急准备、应急处置的薄弱环节。制定相应的措施加强应急能力	**查资料:** 发生险情或事故,采取应急处置措施后,进行应急处置评估的相关资料	2	1. 完成事故应急处置后,企业未配合有组织开展应急处置评估,不得分; 2. 完成事故应急处置后,企业配合有组织开展应急处置评估,未保留评估报告,扣1分	
十五、事故报告调查处理(45分)	1.事故报告	①企业应建立事故报告程序,明确事故内外部报告的责任人、时限、内容等,并教育、指导从业人员严格按照有关规定的程序报告发生的生产安全事故	企业应按照《生产安全事故报告和调查处理条例》规定:事故发生后,事故现场有关人员应当立即向本单位负责人报告;单位负责人接到报告后,应当于1小时内向事故发生地县级以上人民政府安全生产监督管理部门和负有安全生产监督管理职责的有关部门报告	**查资料:** 1. 事故报告程序的规定; 2. 事故报告	5	1. 事故报告程序规定的内容不够充分、完整,扣3分; 2. 未按事故报告程序的规定,发生事故后,按要求进行内外部报告,扣5分; 3. 事故报告过程的资料保留不全,扣1~2分	

续上表

评价类目	评价项目		释义	评价方法	标准分值	评价标准	得分
十五、事故报告调查处理(45分)	1.事故报告	②发生事故,企业应及时进行事故现场处置,按相关规定及时、如实向有关部门报告,没有瞒报、谎报、迟报情况。并应跟踪事故发展情况,及时续报事故信息	企业必须在及时妥善应对处置事故同时,严格按照规定上报事故情况。 "迟报"是指报告事故的时间超过规定时限; "漏报"是指因过失对应当上报的事故或者事故发生的时间、地点、类别、伤亡人数、直接经济损失等内容遗漏未报; "谎报"是指故意不如实报告事故发生的时间、地点、类别、伤亡人数、直接经济损失等有关内容; "瞒报"是指故意隐瞒已经发生的事故,并经有关部门查证属实	**查资料:** 1. 安全生产事故报告的规定; 2. 事故记录、台账等; 3. 事故报告	5 ★★★	1. 制定安全生产事故报告的规定,应责任明确、内容完善、满足规定要求; 2. 事故发生后,现场负责人应迅速采取有效措施,组织抢救,防止事故扩大,减少人员伤亡和财产损失; 3. 及时、准确、如实向有关部门报告,没有瞒报、谎报、迟报情况; 4. 事故报告应包括下列内容:事故发生概况,事故发生时间、地点以及事故现场情况,事故简要经过,事故已造成或者可能造成的伤亡人数(包括失踪的人数),水域环境污染情况下初步估计的直接经济损失,已经采取的措施等	

续上表

评价类目	评价项目		释义	评价方法	标准分值	评价标准	得分
十五、事故报告调查处理(45分)	1.事故报告	③企业应跟踪事故发展情况,及时续报事故信息	《生产安全事故报告和调查处理条例》规定:事故报告后出现新情况的,应当及时补报	**查资料:** 1.安全生产事故报告的规定; 2.续报事故信息相关记录	5	1.未明确及时续报事故信息要求,扣3分; 2.续报事故信息未保留记录,扣2分,记录不完整,扣1~2分	
	2.事故调查处理	①企业应建立内部事故调查和处理制度,按照有关规定、行业标准和国际通行做法,将造成人员伤亡(轻伤、重伤、死亡等人身伤害和急性中毒)和财产损失的事故纳入事故调查和处理范畴	按照有关规定、行业标准和国际通行做法,将造成人员伤亡(轻伤、重伤、死亡等人身伤害和急性中毒)和财产损失的事故纳入事故调查和处理范畴	**查资料:** 1.事故调查和处理制度; 2.事故台账及事故调查处理资料	5	1.未制定事故调查和处理制度,扣5分; 2.事故调查和处理制度规定不合理、不完善等,扣1~3分; 3.未按规定将造成人员伤亡(轻伤、重伤、死亡等人身伤害和急性中毒)和财产损失的事故进行调查和处理的,扣3分; 4.事故调查和处理资料不全,扣1~2分	

续上表

评价类目	评价项目		释义	评价方法	标准分值	评价标准	得分
十五、事故报告调查处理（45分）	2.事故调查处理	②企业应积极配合各级人民政府组织的事故调查，随时接受事故调查组的询问，如实提供有关情况	发生事故后，配合上级部门的事故调查是企业法定责任和义务。企业按照《生产安全事故报告和调查处理条例》配合上级部门，事故调查时应及时如实提供有关情况	**查资料：** 1.事故调查规定； 2.事故报告调查处理资料	5	1.未制定事故调查的相关规定，扣5分，规定中相关职责不明确，内容操作性差，扣1～2分； 2.查事故调查台账，未按规定成立事故调查组进行内部调查，扣2分，未积极配合事故调查及如实提供有关情况，扣2分	
		③企业应按时提交事故调查报告，分析事故原因，落实整改措施	《生产安全事故报告和调查处理条例》规定：事故报告后出现新情况的，应当及时补报	**查资料：** 1.事故报告调查相关规定； 2.事故调查报告； 3.事故原因分析及整改措施资料	5	1.事故报告调查规定的内容不充分，扣1～2分； 2.企业未及时上报事故调查报告，扣2分； 3.未进行事故原因分析，落实整改措施扣3分	

续上表

评价类目	评价项目		释　　义	评价方法	标准分值	评价标准	得分
十五、事故报告调查处理(45分)	2.事故调查处理	④发生事故后，企业应及时组织事故分析，并在企业内部进行通报。并应按时提交事故调查报告，分析事故原因，落实整改措施	发生事故后，企业有义务按照“四不放过”原则(事故原因未查清不放过，责任人员未处理不放过，整改措施未落实不放过，有关人员未受到教育不放过)对事故发生的原因进行分析，分析事故的直接、间接原因和事故责任，提出整改措施和处理建议	**查资料：** 1.事故责任调查分析制度； 2.事故调查报告或事故责任调查档案； 3.事故原因分析、整改措施及落实相关记录	5	1.未制定事故责任调查分析制度，扣5分，制度不完善，扣2分； 2.针对已发生的事故，未及时召开安全生产分析通报会，扣2分； 3.未及时对事故当事人进行各环节、全过程责任倒查及处理，扣2分	
		⑤企业应按“四不放过”原则严肃查处事故，严格追究责任领导和相关责任人。处理结果报上级主管部门备案	查事故档案和事故调查相关记录，看企业按照“四不放过”原则进行整改情况	**查资料：** 1.安全生产事故责任追究办法； 2.事故责任追究记录/档案； 3.事故追责处理结果报上级主管部门备案的资料	5 ★	1.制定完善的安全生产事故责任追究办法，且印发实施，未制定扣5分，未发放扣1分； 2.针对已经发生的安全生产事故，按“四不放过”原则对责任领导和相关责任人实施责任追究和处理；追责处理不到位的，扣1～3分； 3.处理结果按规定报有关主管部门备案，未报有关部门备案，扣3分	

续上表

评价类目	评价项目		释义	评价方法	标准分值	评价标准	得分
十五、事故报告调查处理(45分)	3.事故档案管理	企业应建立事故档案和管理台账，将承包商、供应商等相关方在企业内部发生的事故纳入本企业事故管理	《交通运输企业安全生产标准化建设基本规范》中规定企业应建立事故档案和管理台账，将承包商、供应商等相关方在企业内部发生的事故纳入本企业事故管理	**查资料：** 1.承包商、分包商安全事故管理规定； 2.事故档案和事故管理台账； 3.承包商、供应商事故调查处理资料	5	1.未制定承包商、分包商安全事故管理规定，扣5分，内容不充分，扣1~3分； 2.未按规定对供应商、分包方安全生产事故进行管理，扣3分； 3.事故调查处理资料不完整，扣1~2分； 4.供应商、分包商事故档案和管理台账不全，有1处，扣1分	
十六、绩效评定与持续改进(30分)	1.绩效评定	①企业应每年至少一次对本单位安全生产标准化的运行情况进行自评，验证各项安全生产制度措施的适宜性、充分性和有效性	企业应按要求每年至少一次全面、系统地与本标准逐条、逐项进行判断和对比、打分、综合分析，对本单位安全生产标准化的实施情况进行评定，验证各项安全生产制度措施的适宜性、充分性和有效性，总结安全生产工作现状，查找问题，持续改进	**查资料：** 1.安全生产标准化自评管理规定； 2.查开展自评活动的记录、报告等	10	1.未建立安全生产标准化自评管理制度的，扣5分； 2.自评活动的策划、实施、总结、报告等不符合要求的，每处扣2分	

续上表

评价类目	评价项目		释　义	评价方法	标准分值	评价标准	得分
十六、绩效评定与持续改进(30分)	1.绩效评定	②企业主要负责人应全面负责自评工作。自评应形成正式文件，并将结果向所有部门、所属单位和从业人员通报，作为年度考评的重要依据	安全生产标准化自评工作应由企业主要负责人组织实施，自评结果要经主要负责人确认后向所有部门、所属单位和从业人员通报，并将结果作为年度评价的重要依据。自评报告内容应包含《交通运输企业安全生产标准化建设评价管理办法》中要求的全部内容	**查资料：** 1. 查主要负责人组织实施自评工作的证明材料； 2. 查安全生产标准化自评报告； 3. 查自评报告向所有部门、所属单位和从业人员通报的证明材料	10	1. 未提供主要负责人组织实施自评工作的证明材料，扣6分； 2. 自评报告内容或自评范围不完整的，每处扣2分； 3. 自评报告未向所有部门、所属单位和从业人员通报的，扣5分	
	2.持续改进	企业应根据安全生产标准化管理体系的自评结果和安全生产预测预警系统所反映的趋势，以及绩效评定情况，客观分析企业安全生产标准化管理体系的运行质量，及时调整完善安全生产目标、指标、规章制度、操作	企业安全管理体系是指企业内部全部管理体系中专门管理安全工作的部分，包括为制定、实施、实现、评审和保持安全方针、目标所需的组织机构、职责、惯例、程序、过程和资源。 企业应制定安全生产标准化管理综合评价与改进制度，明确综合评价改进责任部门和相关责任人。综合评价与改进的	**查资料：** 1. 安全管理体系综合评价与改进制度； 2. 查安全生产标准化管理综合评价与改进制度落实文件； 3. 查综合评价与改进过程中发现问题的整改材料； 4. 查相关机构颁发的管理体系认证证书	10	1. 未制定安全管理体系综合评价与改进制度，扣5分； 2. 未按要求对安全生产标准化管理体系进行综合评价分析，扣5分； 3. 未对评价分析出的问题提出整改措施并组织实施的，每项扣2分； 4. 未取得有效的管理体系认证证书，扣5分	

续上表

评价类目	评价项目		释　　义	评价方法	标准分值	评价标准	得分
十六、绩效评定与持续改进(30分)	2.持续改进	规程等相关管理文件和过程管控,持续改进,不断提高安全生产绩效	内容应包括与企业安全生产工作有关事项,至少包括标准化自评结果、安全生产预测预警系统所反映的趋势以及绩效评定情况,一般通过会议形式进行,由企业安全生产第一责任人主持,各相关部门分别提供有关年度分析报告,制度还应明确会议计划制定与印发、会议材料准备、会议记录、综合评价与改进报告、发现问题的处理等责任人和主要内容。 安全生产标准化管理综合评价与改进工作,一般安排在年度自评以后,对考评情况进行综合分析评定。 在每年安全生产标准化管理综合评价与改进后,全面综合				

续上表

评价类目	评价项目		释义	评价方法	标准分值	评价标准	得分
十六、绩效评定与持续改进(30分)	2.持续改进		分析企业安全生产标准化管理工作,着眼长效,运用系统化和标准化管理的原理,完善各项安全生产目标指标、管理制度、操作规程等文件和控制过程,形成企业安全生产管理体系,以持续改进,不断提高安全生产绩效				

评分说明:

1."★"为一级必备条件;"★★"为一、二级必备条件,"★★★"为一、二、三级必备条件,即所有一级企业必须满足一、二、三星要求,二级企业需满足二、三星要求,三级企业需满足三星要求。

2.除满足上述星项要求外,带有标注"AR"(Additional requirements 的意思)的项目执行限制扣分要求,申请一级的企业该项目扣分分值不得超过该项分值的10%,申请二级的企业该项目扣分分值不得超过该项分值的25%,申请三级的企业该项目扣分分值不得超过该项分值的40%,所有"★"项,二、三级企业按照"AR"项要求执行,所有"★★"项,三级企业按照"AR"项要求执行,所有评分项目中存在一项超过上述扣分要求的为达标建设不合格。

3.所有指标中要求的内容,如评审企业不涉及此项工作或当地主管机关未要求开展的,视为不涉及项处理,所得总分按照千分制比例进行换算。如:某企业不涉及项分数为100分,对照千分表去除不涉及项得分为720分,则最终评价得分为720/900×1000=800分。

第二章　水路普通货物运输企业安全生产标准化评价扣分表

评价类目	评 价 项 目	标准分值	得分
一、目标与考核(30 分)	①企业应结合实际制定安全生产目标。安全生产目标应: a. 符合或严于相关法律法规的要求; b. 形成文件,并得到本企业所有从业人员的贯彻和实施; c. 与企业的职业安全健康风险相适应; d. 具有可考核性,体现企业持续改进的承诺; e. 便于企业员工及相关方获得。 应根据安全目标制定可测量的安全生产工作指标,可测量指标包括:火灾爆炸、环境污染、人身伤害等水上交通事故,船舶滞留率,设备设施完好率等内容	5 ★★★	
	②企业应根据安全生产目标制定可考核的安全生产工作指标,指标应不低于上级下达的目标	5	
	③企业应制定实现安全生产目标和工作指标的措施	5	
	④企业应制定安全生产年度计划和专项活动方案,并严格执行	5	
	⑤企业应将安全生产工作指标进行细化和分解,制定阶段性的安全生产控制指标,并予以考核	5	
	⑥企业应建立安全生产目标考核与奖惩的相关制度,并定期对安全生产目标完成情况予以考核与奖惩	5	

续上表

评价类目	评价项目		标准分值	得分
二、管理机构和人员(35分)	1. 安全生产管理机构	①企业应建立以企业主要负责人为领导的安全生产委员会(或安全生产领导小组),并应职责明确。应建立健全从安全生产委员会(或安全生产领导小组)至基层班组的安全生产管理网络	10 ★★	
		②企业应按规定设置与企业规模相适应的安全生产管理机构	5 ★★★	
		③企业应定期召开安全生产委员会或安全生产领导小组会议。安全生产管理机构或下属分支机构每月至少召开一次安全工作例会	5 AR	
	2. 安全管理人员	①企业应按规定配备专(兼)职安全生产和应急管理人员	10 ★★★	
		②企业的主要负责人和安全生产管理人员应具备与本企业所从事的生产经营活动相适应的安全生产和职业卫生知识与能力,并保持安全生产管理人员的相对稳定	5	
三、安全责任体系(40分)	1. 健全责任制	①企业应建立安全生产责任制,明确安全生产委员会(或安全生产领导小组)、安全生产管理机构、各职能部门、生产基层单位的安全生产职责,层层签订安全生产责任书,并落实到位	10 AR	
		②企业主要负责人或实际控制人是本企业安全生产第一责任人,对本企业安全生产工作全面负责,负全面组织领导、管理责任和法律责任,并履行安全生产的责任和义务	5 ★★★	

续上表

<table>
<tr><th>评价类目</th><th colspan="2">评价项目</th><th>标准分值</th><th>得分</th></tr>
<tr><td rowspan="3">三、安全责任体系(40分)</td><td rowspan="2">1. 健全责任制</td><td>③分管安全生产的企业负责人是安全生产的重要负责人,应协助企业安全生产第一责任人落实各项安全生产法律法规、标准,统筹协调和综合管理企业的安全生产工作,对本企业安全生产负重要管理责任</td><td>5</td><td></td></tr>
<tr><td>④其他负责人及员工实行“一岗双责”,对业务范围内的安全生产工作负责</td><td>10</td><td></td></tr>
<tr><td>2. 责任制考评</td><td>企业应根据安全生产责任进行定期考核和奖惩,并公布考评结果和奖惩情况</td><td>10
★</td><td></td></tr>
<tr><td rowspan="4">四、资质、法律法规与安全生产管理制度(60分)</td><td>1. 资质</td><td>企业的《企业法人营业执照》资质证书应合法有效,经营范围应符合要求</td><td>5
★★★</td><td></td></tr>
<tr><td rowspan="2">2. 法律法规及标准规范</td><td>①企业应制定及时识别、获取适用的安全生产法律法规、规范标准及其他要求的管理制度,明确责任部门,建立清单和文本(或电子)档案,并定期发布</td><td>5</td><td></td></tr>
<tr><td>②企业应及时对从业人员进行适用的安全生产法律法规、规范标准宣贯,并根据法规标准和相关要求及时制修订本企业安全生产管理制度</td><td>5</td><td></td></tr>
<tr><td>3. 安全管理制度</td><td>①企业应制定安全生产与职业卫生管理制度,至少应包含以下内容:安全生产责任制;法律法规、标准及其他要求的识别与获取管理;安全生产工作会议;安全生产费用管理;安全生产奖惩;安全检查;安全生产隐患排查治理;风险管理;事故报告、调查、处理;船员管理;培训教育;船舶值班;船岸安全检查;船舶和设备管理;船舶物料管理;船舶备件及工属具管理;船舶危险品管理;消防管理;应急管理;相关方管理;职业健康管理;劳动防护用品管理;变更管理;文件和档案管理</td><td>5</td><td></td></tr>
</table>

续上表

评价类目	评 价 项 目		标准分值	得分
四、资质、法律法规与安全生产管理制度(60分)	3. 安全管理制度	②企业制定的安全生产管理制度应符合国家现行的法律法规的要求	5	
		③企业应组织从业人员进行安全生产管理制度的学习和培训	5	
	4. 操作规程	①企业应制定各岗位操作规程,操作规程应满足国家和行业相关标准规范的要求,至少应包括以下内容:调度;船舶防风、防台、防冻;交通密集水域、危险航道、狭水道航行;船舶过闸;能见度不良航行;船舶进出港;船舶靠离泊、锚泊;海图作业;船舶主要设备操作规程;船舶主要设备维修;加装油操作;船舶拖带、转驳操作;压载水操作;船舶防污染;登高、舷外作业;软梯、桥板、安全网操作;进入密闭舱室作业;集装箱卸载及绑扎作业(适用时);冷藏箱运输作业(适用时)	5 ★★★	
		②企业应在新技术、新材料、新工艺、新设备设施投产或投用前,组织编制相应的操作规程,保证其适用性	5	
		③企业应及时将操作规程发放到相关岗位,组织对从业人员进行操作规程的培训	5	
	5. 修订	企业应定期对安全管理制度和操作规程进行评审,并根据评审结论及时进行修订,确保其有效性、适应性和符合性。在发生以下情况时,应及时对相关的管理制度或操作规程进行评审、修订: ①国家相关法律、法规、规程、标准废止、修订或新颁布; ②企业归属、体制、规模发生重大变化; ③生产设施新建、改建、扩建规模,作业环境已发生重大改变;	5	

续上表

<table>
<tr><th>评价类目</th><th colspan="2">评 价 项 目</th><th>标准分值</th><th>得分</th></tr>
<tr><td rowspan="3">四、资质、法律法规与安全生产管理制度(60 分)</td><td>5. 修订</td><td>④设备设施发生变更;
⑤作业工艺、危险有害特性发生变化;
⑥政府相关行政部门提出整改意见;
⑦安全评价、风险评估、体系认证、分析事故原因、安全检查发现涉及规章制度、操作规程的问题;
⑧其他相关事项</td><td></td><td></td></tr>
<tr><td rowspan="2">6. 制度执行及档案管理</td><td>①企业每年至少 1 次对安全生产法律法规、标准规范、规章制度、操作规程的执行情况进行检查</td><td>5</td><td></td></tr>
<tr><td>②企业应建立和完善各类台账和档案,并按要求及时报送有关资料和信息</td><td>5
AR</td><td></td></tr>
<tr><td rowspan="5">五、安全投入(40 分)</td><td rowspan="3">1. 资金投入</td><td>①企业应按规定足额提取(列支)安全生产费用</td><td>15
★★</td><td></td></tr>
<tr><td>②安全生产经费应专款专用,企业应保证安全生产投入的有效实施</td><td>10</td><td></td></tr>
<tr><td>③企业应及时投入满足安全生产条件的所需资金</td><td>5
AR</td><td></td></tr>
<tr><td rowspan="2">2. 费用管理</td><td>①企业应建立安全生产费用台账</td><td>5</td><td></td></tr>
<tr><td>②企业应跟踪、监督安全生产费用使用情况。企业安全生产费用应按照“企业提取、政府监管、确保需要、规范使用”的原则进行管理,安全生产费用应按照以下范围使用:</td><td>5</td><td></td></tr>
</table>

续上表

评价类目	评价项目		标准分值	得分
五、安全投入（40分）	2. 费用管理	a. 完善、改造和维护安全防护设施设备支出（不含“三同时”要求初期投入的安全设施），包括交通运输设施设备和装卸工具安全状况检测及维护系统、运输设施设备和装卸工具附属安全设备等支出； b. 配备、维护应急救援器材、设备支出和应急演练支出； c. 开展重大危险源和事故隐患评估、监控和整改支出； d. 安全生产检查、评价（不包括新建、改建、扩建项目安全评价）、咨询和标准化建设支出； e. 配备和更新现场作业人员安全防护用品支出； f. 安全生产宣传、教育、培训支出； g. 安全生产适用的新技术、新标准、新工艺、新装备的推广应用支出； h. 安全设施及特种设备检测检验支出； i. 其他与安全生产直接相关的支出		
六、设备设施（145分）	1. 设备设施的建设与维护	①船舶建造和修理符合国际公约、法规和规范，各类证书齐全、有效	15 ★★★	
		②制定设备设施、电气线路、消防设施维护制度，按规定定期维护，特种设备定期进行检测检验，确保设施设备技术状况良好	15	
		③标识船舶关键性设备（至少包括主机、发电机和船舶电站、舵机、锚机、消防救生设备、防污设备等）并定期检测或效用试验，各项记录齐全	10 AR	

续上表

评价类目	评价项目		标准分值	得分
六、设备设施(145分)	1.设备设施的建设与维护	④按船检规范保持应急通道通畅,标识清晰	10	
		⑤适用时,设置覆盖安全重点部位的视频监控设备,并保持实时监控	5	
		⑥船舶设备设施管理资料、船舶技术资料、图纸应齐全,记录完整	5 ★★	
	2.安全防护设施设备管理	①应按规定配足有效的安全、消防、救生和环境保护设施设备及器材	10 AR	
		②各类安全、消防、救生和环境保护设施设备标识清晰,指定专人管理,并进行定期检测、检验,记录完整	10	
		③船舶各类通道、作业平台应保持通畅,防护设施完善	5	
		④船舶防雷及接地设施应完好	5	
		⑤船长150m以上的散货船应配备经船舶检验机构认可的装载仪,并按要求使用	5	
		⑥适用时,船舶应装备经船舶检验机构认可的进水报警和遥控排水装置,按规定进行检查、检验和维护,并定期对该设备进行测试,保证正常可用	5	
		⑦船舶应按船检规范要求装备经船舶检验机构认可的报警装置,按规定进行检查、检验和维护,并定期对该设备进行测试,保证正常可用	5	

续上表

评价类目	评价项目		标准分值	得分
六、设备设施(145分)	3. 通导设备管理	按规定为船舶配备雷达、卫星定位系统、甚高频、船舶自动识别系统、罗经等通航辅助设备,并确保工作正常,维护及检查记录完整	5	
	4. 备件物料工属具管理	制定船舶备件、物料、工属具管理制度,船舶易耗常用备件、物料配备齐全,并进行检查维护和及时补充	5	
	5. 电气安全管理	船舶电气安全配置应符合船检规范,并保持完好	10	
	6. 消防、救生和防污染设施设备管理	①船舶应按船检规范配备消防、救生和防污染设施设备	5	
		②建立使用、维护管理制度,按规定进行检查、检验和维护,保存相关记录,保证正常可用	5	
		③消防、救生和防污染设施设备布置应与船舶防火控制图等法定文件和证书的要求保持一致	5	
		④应定期开展效用试验	5	
七、科技创新与信息化(55分)	1. 科技创新及应用	①应使用先进的、安全性能可靠的新技术、新工艺、新设备和新材料,优先选购安全、高效、节能的先进设备	10	
		②组织开展安全生产科技攻关或课题研究	10	
		③设有安全生产管理系统或平台,包括但不限于下述系统:船舶机务管理系统、船舶备件物料管理系统、船员管理系统、船舶安全检查信息管理系统、船舶缺陷及隐患管理系统、船舶航次管理系统	10	

续上表

评价类目	评价项目		标准分值	得分
七、科技创新与信息化(55分)	1. 科技创新及应用	④采用现代科技手段,提升安全管理水平,包含但不限于:电子海图(电子航道图)、卫星定位系统、远程视频监控等	10 AR	
	2. 科技信息化	①设有电子显示设备	5 ★	
		②根据企业实际情况设置其他安全生产监管信息系统,确保船舶安全航行,包括但不限于下述系统:值班管理系统、安全风险分级管控系统、事故隐患排查治理信息系统(公司检查/船舶自查)、投诉管理系统、检查或督查管理系统	10	
八、教育培训(90分)	1. 培训管理	①企业应按规定开展安全教育培训,明确安全教育培训目标、内容和要求,定期识别安全教育培训需求,制定并实施安全教育培训计划	5	
		②企业应组织安全教育培训,保证安全教育培训所需人员、资金和设施	5	
		③企业应做好安全教育培训记录,建立从业人员安全教育培训档案	10 AR	
		④企业应组织对培训效果的后评估,改进提高培训质量	5	

续上表

评价类目	评价项目		标准分值	得分
八、教育培训（90分）	2. 资格培训	①企业的特种设备作业人员应按有关规定参加安全教育培训，取得《特种设备作业人员证》后，方可从事相应的特种设备作业或者管理工作，并按规定定期进行复审	10 ★★	
		②企业的特种作业人员应经专门的安全技术培训并考核合格，取得《中华人民共和国特种作业操作证》后，方可上岗作业，并按规定定期进行复审。离开特种作业岗位6个月以上的特种作业人员，应重新进行实际操作考试，经确认合格后方可上岗作业	10 AR	
	3. 宣传教育	企业应组织开展安全生产的法律、法规和安全生产知识的宣传、教育	5	
	4. 从业人员培训	①未经安全生产培训合格的从业人员，不得上岗作业	5	
		②从业人员应每年接受再培训，培训时间不得少于规定学时	5	
		③对离岗一年重新上岗、转换工作岗位的人员，应进行岗前培训。培训内容应包括安全法律法规、安全管理制度、岗位操作规程、风险和危害告知等，与新岗位安全生产要求相符合	5	
		④应对新员工进行三级安全教育培训，经考核合格后，方可上岗。培训时间不得少于规定学时	10 AR	

续上表

评价类目	评价项目		标准分值	得分
八、教育培训(90分)	4. 从业人员培训	⑤企业使用被派遣劳动者的,应纳入本企业从业人员统一管理,进行岗位安全操作规程和安全操作技能的教育和培训	5	
		⑥应在新技术、新设备投入使用前,对管理和操作人员进行专项培训	5	
	5. 规范档案	企业应当建立安全生产教育和培训档案,如实记录安全生产教育和培训的时间、内容、参加人员以及考核结果等情况	5	
九、作业管理(200分)	1. 生产流程	①应根据船舶类型、装卸货种、装卸方式、积载要求等情况选择合适的符合规范要求的流程	10	
		②作业人员应了解载运货种的危险有害特性、船舶航行危险因素等信息	10	
		③严格执行操作规程和安全生产作业规定	10	
	2. 船舶进出港	船舶进出港应严格遵守安全规范	5	
	3. 船舶靠离泊	船舶靠离码头及锚泊作业应严格遵守安全规范	5	
	4. 货物装卸	①应执行装卸货申报、准备、装卸作业、货物管理等各环节规定,符合相关主管机构管理要求,保存相关记录	5 ★★★	
		②指定人员对装卸作业进行管理	10	

续上表

评价类目	评 价 项 目		标准分值	得分
九、作业管理(200分)	4. 货物装卸	③编制货物装积载和装卸计划,装卸作业前进行船岸安全信息交流,保存相关记录	5	
		④制定并执行易流态化货物装卸和载运安全措施,保存相关记录	5	
		⑤应执行《压载水管理计划》,保存相关记录	5	
	5. 船舶航行与停泊	①应执行开航前安全检查制度,轮、驾两部联系制度,机舱巡回检查制度,航次作业会议制度,保存相关记录	5	
		②应制定船舶防碰、防风、防雾、防触礁、防搁浅、防火防爆、防人员落水、防污染,靠(离)泊作业、过闸、过桥,以及通过危险航段和船舶求助作业等关键性操作措施,并严格实施,保存相关记录	10 ★★★	
		③应执行航行值班制度、停泊值班制度、交接班制度、驾驶台规则和安全会议制度等,保存相关记录	5 ★★★	
		④重要时期实行领导到岗带班,有值班记录	5	
		⑤船舶航行日志、轮机日志、车钟记录、油类记录簿、垃圾记录等台账记录应完整、规范	5 AR	
		⑥严禁超载、超限等违反运输规定的行为	5 ★★★	

续上表

评价类目	评 价 项 目		标准分值	得分
九、作业管理(200分)	6.危险作业管理	建立并落实危险作业许可管理制度,明确责任部门、人员、许可范围、审批程序、许可签发人员等。危险作业包括但不限于下列作业:危险区域动火作业、进入受限空间作业、高处作业、其他危险生产作业。危险作业审批记录以及相应的作业记录应予以保存	5 AR	
	7.相关方管理	应执行相关方人员安全管理制度,明确安全职责和可能接触到的危害,告知应急避险知识,并保留相关记录。相关方人员包含但不限于:货主、供应商、参观、学习、检查、码头以及第三方等人员	5	
	8.消防管理	①建立防火安全管理制度、船舶使用明火作业申报制度,并贯彻落实	5	
		②制定固定灭火系统安全操作程序,并贯彻落实	5	
		③船舶生活区张贴防火安全须知,对登船人员实行消防安全提示	5 AR	
		④定期开展消防安全检查,统计分析消防工作现状,完善消防工作措施	5	
		⑤船舶配有火灾应急应变部署表、船舶防火控制图	5	
		⑥按规定制定消防演习计划,按计划进行演习并保存相应记录	5	

续上表

评价类目	评价项目		标准分值	得分
九、作业管理（200分）	9. 防污染管理	①制定船舶防污染应急计划，并得到主管机关批准	5	
		②制定垃圾管理制度，实行分类收集存放管理	5	
		③制定加装燃润油和油污水、生活污水处理程序，并严格执行	10 AR	
		④油类记录和生活垃圾处理记录齐全	5	
		⑤按规定制定溢油应急演习计划，按计划进行溢油应急演习并保存相应记录	5	
	10. 救生管理	按规定制定营救落水人员的计划和程序，按规定进行救生演习并保存相应记录	5	
	11. 船舶保安	①船舶应装备经船舶检验机构认可的保安器材，按规定进行检查、检验和维护，并定期对该设备进行测试，保证正常可用	5	
		②按规定建立船舶保安体系，严格执行登轮检查，开展定期演练，并保存相应记录	5	
	12. 警示标志	在存在危险因素的作业场所和设备设施，设置明显的安全警示标志，警示、告知危险种类、后果及应急设施	5	
	13. 变更管理	企业应制定并执行变更管理制度，对人员、货种、设备设施、管理及环境等永久性或暂时性的变化进行有计划的控制。变更的实施应履行审批及验收程序，对变更过程及变更所产生的隐患进行分析和控制，并保持变更记录	5	

续上表

评价类目	评 价 项 目		标准分值	得分
十、风险管理（60 分）	1. 一般要求	企业应依法依规建立健全安全生产风险管理制度，开展本单位管理范围内的风险辨识、评估、管控等工作，落实重大风险登记、重大危险源报备责任，防范和减少安全生产事故	5 AR	
	2. 风险辨识	①企业应制定风险辨识规则，明确风险辨识的范围、方式和程序	5	
		②风险辨识应系统、全面，并进行动态更新	5	
		③风险辨识应涉及所有的工作人员（包括外部人员）、工作过程和工作场所。安全生产风险辨识结束后应形成风险清单	3	
	3. 风险评估	①企业应从发生危险的可能性和严重程度等方面对风险因素进行分析，选定合适的风险评估方法，明确风险评估规则	2	
		②企业应依据风险评估规则，对风险清单进行逐项评估，确定风险等级	5	
	4. 风险控制	①企业应根据风险评估结果及经营运行情况等，按以下顺序确定控制措施： a. 消除； b. 替代； c. 工程控制措施； d. 设置标志警告和（或）管理控制措施； e. 个体防护装备等	5	

续上表

评价类目	评价项目		标准分值	得分
十、风险管理（60分）	4.风险控制	②企业应将安全风险评估结果及所采取的控制措施告知相关从业人员，使其熟悉工作岗位和作业环境中存在的安全风险，掌握、落实应采取的控制措施	5	
		③企业应建立风险动态监控机制，按要求对风险进行控制和监测，及时掌握风险的状态和变化趋势，以确保风险得到有效控制	3	
	5.重大风险管控	①企业对重大风险进行登记建档，设置重大风险监控系统，制定动态监测计划，并单独编制专项应急措施	5 ★★	
		②企业应当在重大风险所在场所设置明显的安全警示标志，对进入重大风险影响区域的人员组织开展安全防范、应急逃生避险和应急处置等相关培训和演练	5	
		③企业应当将本单位重大风险有关信息通过公路水路行业安全生产风险管理信息系统进行登记，构成重大危险源的应向属地负有安全生产监督管理职责的交通运输管理部门备案	2 ★★★	
		④重大风险经评估确定等级降低或解除的，企业应于规定的时间内通过公路水路行业安全生产风险管理系统予以销号	2	
	6.预测预警	①企业应根据生产经营状况、安全风险管理及隐患排查治理、事故等情况，运用定量或定性的安全生产预测预警技术，建立企业安全生产状况及发展趋势的安全生产预测预警机制	5	
		②当风险因素达到预警条件的，企业应及时发出预警信息，并立即采取针对性措施，防范安全生产事故发生	3	

续上表

评价类目	评价项目		标准分值	得分
十一、隐患排查和治理(50分)	1. 隐患排查	①企业应落实隐患排查治理和防控责任制,组织事故隐患排查治理工作,实行从隐患排查、记录、监控、治理、销账到报告的闭环管理	5 ★★★	
		②企业应依据有关法律法规、标准规范等,组织制定各部门、岗位、场所、设备设施的隐患排查治理标准或排查清单,明确隐患排查的时限、范围、内容和要求,并组织开展相应的培训。隐患排查的范围应包括所有与生产经营相关的场所、人员、设备设施和活动,包括承包商和供应商等相关服务范围	5 AR	
		③生产经营单位应当建立事故隐患日常排查、定期排查和专项排查工作机制。日常排查每周应不少于1次,定期排查每半年应不少于1次,并根据政府及有关管理部门安全工作的专项部署、季节性变化或安全生产条件变化情况进行专项排查	5	
		④企业应填写事故隐患排查记录,依据确定的隐患等级划分标准对发现或排查出的事故隐患进行判定,确定事故隐患等级并进行登记,形成事故隐患清单。企业应将重大事故隐患向属地负有安全生产监督管理职责的交通运输管理部门备案	5 ★★	
	2. 隐患治理	①对于一般事故隐患,企业应按照职责分工立即组织整改,确保及时进行治理	5	

续上表

<table>
<tr><th>评价类目</th><th colspan="2">评 价 项 目</th><th>标准分值</th><th>得分</th></tr>
<tr><td rowspan="4">十一、隐患排查和治理（50分）</td><td rowspan="4">2. 隐患治理</td><td>②对于重大事故隐患，企业主要负责人组织制定专项隐患治理整改方案，并确保整改措施、责任、资金、时限和预案“五到位”。整改方案应包括：
a. 整改的目标和任务；
b. 整改方案和整改期的安全保障措施；
c. 经费和物资保障措施；
d. 整改责任部门和人员；
e. 整改时限及节点要求；
f. 应急处置措施；
g. 跟踪督办及验收部门和人员</td><td>5
AR</td><td></td></tr>
<tr><td>③企业在事故隐患整改过程中，应采取相应的监控防范措施，防止发生次生事故</td><td>5</td><td></td></tr>
<tr><td>④事故隐患整改完成后，企业应按规定进行验证或组织验收，出具整改验收结论，并签字确认。重大事故隐患整改验收通过的，企业应将验收结论向属地负有安全生产监督管理职责的交通运输管理部门报备，并申请销号</td><td>5
★★★</td><td></td></tr>
<tr><td>⑤企业应对重大事故隐患形成原因及整改工作进行分析评估，及时完善相关制度和措施，依据有关规定和制度对相关责任人进行处理，并开展有针对性的培训教育</td><td>5</td><td></td></tr>
</table>

续上表

评价类目	评价项目		标准分值	得分
十一、隐患排查和治理(50分)	2.隐患治理	⑥企业应对事故隐患排查治理情况如实记录,建立相关台账,并定期组织对本单位事故隐患治理情况进行统计分析,及时梳理、发现安全生产问题和趋势,形成统计分析报告,改进安全生产工作	5	
十二、职业健康(20分)	1.健康管理	①企业应落实职业病防治主体责任,按规定设置职业健康管理机构和配备专(兼)职管理人员;落实职业病危害告知、日常监测、定期报告和防护保障等制度措施	5	
		②提供符合职业卫生要求的工作环境和条件;应按规定组织有关从业人员进行职业健康检查,并建立有关从业人员职业健康档案	5	
		③企业应按规定对存在或者可能产生职业病危害的工作场所、作业岗位、设备、设施设置警示标识和中文警示说明	5 AR	
	2.职业危害申报	企业应按规定及时、如实向当地主管部门申报运营过程中存在的职业病危害因素,并接受其监督	5	
十三、安全文化(30分)	1.安全环境	①设立安全文化廊、安全角、黑板报、宣传栏等员工安全文化阵地	5	
		②公开安全生产举报电话号码、通信地址或者电子邮件信箱。对接到的安全生产举报和投诉及时予以调查和处理,并公开处理结果	5 AR	

续上表

评价类目	评价项目		标准分值	得分
十三、安全文化(30分)	2.安全行为	①企业应建立包括安全价值观、安全愿景、安全使命和安全目标等在内的安全承诺	5 ★	
		②企业应结合企业实际编制员工安全知识手册,并发放到职工	5	
		③企业应组织开展安全生产月活动、安全生产班组竞赛活动,有方案、有总结	5	
		④企业应对安全生产进行检查、评比、考评,总结和交流经验,推广安全生产先进管理方法,对在安全工作中做出显著成绩的集体、个人给予表彰、奖励,并与其经济利益挂钩	5	
十四、应急管理(70分)	1.预案制定	①企业应在开展安全风险评估和应急资源调查的基础上,建立生产安全事故应急预案体系,制定符合《生产经营单位生产安全事故应急预案编制导则》(GB/T 29639—2013)规定的生产安全事故应急预案,针对安全风险较大的重点场所(设施)制定现场处置方案,并编制重点岗位、人员应急处置卡	10 AR	
		②应急预案应与当地政府、行业管理部门预案保持衔接,报当地有关部门备案,通报有关协作单位	5	
		③企业应组织开展应急预案评审或论证,并定期进行评估和修订	5 ★★	

续上表

评价类目	评价项目		标准分值	得分
十四、应急管理(70分)	2. 应急队伍	①企业应按照有关规定建立应急管理组织机构或指定专人负责应急管理工作,建立与本企业安全生产特点相适应的专(兼)职应急救援队伍	5	
		②企业应组织应急救援人员日常训练	5	
	3. 应急物资	①企业应根据可能发生的事故种类特点,按照有关规定设置应急设施,配备应急装备,储备应急物资	5 AR	
		②企业应建立管理台账,安排专人管理,并定期检查、维护、保养,确保其完好、可靠	5	
	4. 应急演练	①企业应按照《生产安全事故应急演练指南》(AQ/T 9007—2011)的规定定期组织公司(厂)、车间(工段、区、队、船、项目部)、班组开展生产安全事故应急演练,做到一线从业人员参与应急演练全覆盖	10 ★★★	
		②企业应按照《生产安全事故应急演练评估规范》(AQ/T 9009—2015)的规定对演练进行总结和评估,根据评估结论和演练发现的问题,修订、完善应急预案,改进应急准备工作	5	
	5. 应急处置	发生事故后,企业应根据预案要求,立即启动应急响应程序,按照有关规定报告事故情况,并开展先期处置	5	
	6. 应急评估	①企业应对应急准备、应急处置工作进行评估	5 ★	
		②运输、储存危险物品或处置废弃危险物品的企业,应每年进行一次应急准备评估	3	

续上表

评价类目	评价项目		标准分值	得分
十四、应急管理(70分)	6.应急评估	③完成险情或事故应急处置后,企业应主动配合有关组织开展应急处置评估	2	
十五、事故报告调查处理(45分)	1.事故报告	①企业应建立事故报告程序,明确事故内外部报告的责任人、时限、内容等,并教育、指导从业人员严格按照有关规定的程序报告发生的生产安全事故	5	
		②发生事故,企业应及时进行事故现场处置,按相关规定及时、如实向有关部门报告,没有瞒报、谎报、迟报情况。并应跟踪事故发展情况,及时续报事故信息	5 ★★★	
		③企业应跟踪事故发展情况,及时续报事故信息	5	
	2.事故调查处理	①企业应建立内部事故调查和处理制度,按照有关规定、行业标准和国际通行做法,将造成人员伤亡(轻伤、重伤、死亡等人身伤害和急性中毒)和财产损失的事故纳入事故调查和处理范畴	5	
		②企业应积极配合各级人民政府组织的事故调查,随时接受事故调查组的询问,如实提供有关情况	5	
		③企业应按时提交事故调查报告,分析事故原因,落实整改措施	5	
		④发生事故后,企业应及时组织事故分析,并在企业内部进行通报。并应按时提交事故调查报告,分析事故原因,落实整改措施	5	
		⑤企业应按"四不放过"原则严肃查处事故,严格追究责任领导和相关责任人。处理结果报上级主管部门备案	5 ★	

续上表

评价类目	评价项目		标准分值	得分
十五、事故报告调查处理(45分)	3. 事故档案管理	企业应建立事故档案和管理台账,将承包商、供应商等相关方在企业内部发生的事故纳入本企业事故管理	5	
十六、绩效评定与持续改进(30分)	1. 绩效评定	①企业应每年至少一次对本单位安全生产标准化的运行情况进行自评,验证各项安全生产制度措施的适宜性、充分性和有效性	10	
		②企业主要负责人应全面负责自评工作。自评应形成正式文件,并将结果向所有部门、所属单位和从业人员通报,作为年度考评的重要依据	10	
	2. 持续改进	企业应根据安全生产标准化管理体系的自评结果和安全生产预测预警系统所反映的趋势,以及绩效评定情况,客观分析企业安全生产标准化管理体系的运行质量,及时调整完善安全生产目标、指标、规章制度、操作规程等相关管理文件和过程管控,持续改进,不断提高安全生产绩效	10	

评分说明:

1. "★"为一级必备条件;"★★"为一、二级必备条件;"★★★"为一、二、三级必备条件,即所有一级企业必须满足一、二、三星要求,二级企业须满足二、三星要求,三级企业需满足三星要求。
2. 除满足上述星项要求外,带有标注"AR"(Additional requirements 的意思)的项目执行限制扣分要求,申请一级的企业该项目扣分分值不得超过该项分值的10%,申请二级的企业该项目扣分分值不得超过该项分值的25%,申请三级的企业该项目扣分分值不得超过该项分值的40%,所有"★"项,二、三级企业按照"AR"项要求执行,所有"★★"项,三级企业按照"AR"项要求执行,所有评分项目中存在一项超过上述扣分要求的为达标建设不合格。
3. 所有指标中要求的内容,如评审企业不涉及此项工作或当地主管机关未要求开展的,视为不涉及项处理,所得总分按照千分制比例进行换算。如:某企业不涉及项分数为100分,对照千分表去除不涉及项得分为720分,则最终评价得分为720/900×1000=800分。
4. 所有涉及抽查、询问人员的指标,视抽查范围基数,由评审员视企业具体情况决定抽查数量,最低抽查3人,最高15人。

附件1 《交通运输企业安全生产标准化建设基本规范 第9部分:水路普通货物运输企业》(JT/T 1180.9—2018)

交通运输企业安全生产标准化建设基本规范 第9部分:水路普通货物运输企业

1 范围

JT/T 1180 的本部分规定了水路普通货物运输企业安全生产标准化建设的基本要求、通用要求,以及目标与考核,管理机构和人员,资质、法律法规与安全管理制度,设备设施,科技创新与信息化,教育培训,作业管理,职业健康,安全文化和应急救援等专业要求。

本部分适用于水路普通货物运输企业开展安全生产标准化建设工作,以及对安全生产标准化建设的技术服务和评价工作。

2 规范性引用文件

下列文件对于本文件的应用是必不可少的。凡是注日期的引用文件,仅注日期的版本适用于本文件。凡是不注日期的引用文件,其最新版本(包括所有的修改单)适用于本文件。

JT/T 1180.1 交通运输企业安全生产标准化建设基本规范 第1部分:总体要求

3 术语和定义

下列术语和定义适用于本文件。

水路普通货物运输企业 waterway general cargo transport enterprises

运用普通货物船舶,在海洋、沿海、内河以及其他通航水域中从事经营性的水路普通货物运输业务的交通运输企业。

4 基本要求

水路普通货物运输企业(以下简称"企业")安全生产标准化建设的基本要求按 JT/T 1180.1 的有关规定执行。

5 通用要求

企业安全生产标准化建设的通用要求按 JT/T 1180.1 的有关规定执行。

6 专业要求

6.1 目标与考核

应根据安全目标制定可测量的安全生产工作指标,可测量指标包括:火灾爆炸、环境污染、人身伤害等水上交通事故,船舶滞留率,设备设施完好率等。

6.2 管理机构和人员

应按规定配备具有与经营规模、范围相适应的专业技术人员、操作人员,按规定持证上岗。

6.3 资质、法律法规与安全管理制度

6.3.1 资质

经营水路普通货物运输相关资质证书等合法有效,经营范围符合要求。

6.3.2 法律法规与安全管理制度

6.3.2.1 应制定满足法律法规、标准规定并符合企业实际的安全管理制度。安全管理制度至少应包含以下内容:

——安全生产责任制;
——法律法规、标准及其他要求的识别与获取管理;
——安全生产工作会议;
——安全生产费用管理;
——安全生产奖惩;
——安全检查;
——安全生产隐患排查治理;
——风险管理;
——事故报告、调查、处理;
——船员管理;
——培训教育;
——船舶值班;
——船岸安全检查;
——船舶和设备管理;
——船舶物料管理;
——船舶备件及工属具管理;
——船舶危险品管理;
——消防管理;
——应急管理;
——相关方管理;
——职业健康管理;
——劳动防护用品管理;
——变更管理;
——文件和档案管理。

6.3.2.2 应将安全生产管理制度发放到有关的工作岗位,并对相关岗位人员进行培训;应将相关的规章制度及时传达给相关方。

6.3.3 操作规程

6.3.3.1 应根据水路普通货物运输工艺、设备设施的特点、风险评估的结果,编制操作规程,操作规程应符合国家和行业相关标准规范的要求。至少应涵盖以下内容:

——调度;
——船舶防风、防台、防冻;
——交通密集水域、危险航道、狭水道航行;
——船舶过闸;
——能见度不良航行;
——船舶进出港;
——船舶靠离泊、锚泊;
——海图作业;
——船舶主要设备操作规程;
——船舶主要设备维修保养;
——加装油操作;
——船舶拖带、转驳操作;

——压载水操作；
——船舶防污染；
——登高、舷外作业；
——软梯、桥板、安全网操作；
——进入密闭舱室作业；
——集装箱卸载及绑扎作业（适用时）；
——冷箱运输作业（适用时）。

6.3.3.2　操作规程考虑以下内容：
——符合相关国际公约、规则等强制性规定；
——符合船旗国主管机关的法令、法规等强制性规定；
——符合船级社的规范；
——公司已采纳的国际海事组织、船旗国主管机关、行业组织等的标准；
——设备使用说明书、相关图书资料；
——出现异常情况时的应急措施。

6.4　设备设施

6.4.1　设备设施的建设与维护

6.4.1.1　船舶建造和修理应符合国际公约、法规和规范，各类证书齐全、有效。

6.4.1.2　应制定设备设施、电气线路、消防设施维护保养制度，按规定定期维护保养，特种设备定期进行检测检验，确保设施设备技术状况良好。

6.4.1.3　应标识船舶关键性设备（至少包括主机、发电机和船舶电站、舵机、锚机、消防救生设备、防污设备等），并定期检测或进行效用试验，各项记录齐全。

6.4.1.4　应按船检规范保持应急通道通畅、标识清晰。

6.4.1.5　适用时，设置覆盖安全重点部位的视频监控设备，并保持实时监控。

6.4.1.6　船舶设备设施管理资料、船舶技术资料、图纸应齐全，记录完整。
——船舶设备设施管理资料应包含按要求配备的公约、规范和海图，以及各种制度、须知、操作规程、各类台账或记录等；
——船舶技术资料包含设备维护使用说明书、船舶性能资料、证书报告等；
——图纸包含船舶竣工图、船舶修理过程中产生的各类图纸。

6.4.2　安全防护设施设备管理

6.4.2.1　船舶各类通道、作业平台应保持通畅，防护设施完善。

6.4.2.2　船舶防雷及接地设施应完好。

6.4.2.3 船长150m及以上的散货船应配备经船舶检验机构认可的装载仪,并按要求使用。

6.4.2.4 适用时,船舶应装备经船舶检验机构认可的进水报警和遥控排水装置,按规定进行检查、检验和保养,并定期对该设备进行测试,保证正常可用。

6.4.2.5 应按船检规范要求装备经船舶检验机构认可的报警装置,按规定进行检查、检验和保养,并定期对该设备进行测试,保证正常可用。

6.4.3 通导设备管理

按规定为船舶配备雷达、卫星定位系统、甚高频、船舶自动识别系统、罗经等通航辅助设备,并确保工作正常,维护保养及检查记录完整。

6.4.4 备件物料工属具管理

6.4.4.1 企业应制定船舶备件、物料、工属具配备管理制度。

6.4.4.2 船舶易耗常用备件、物料配备齐全,并进行检查维护和及时补充。

6.4.5 电气安全管理

船舶电气安全的配置应符合船检规范,并保持完好。

6.4.6 消防、救生和防污染设施设备管理

6.4.6.1 船舶应按船检规范配备消防、救生和防污染设施设备。

6.4.6.2 建立使用、维护管理制度,按规定进行检查、检验和维护保养,保存相关记录,保证正常可用。

6.4.6.3 消防、救生和防污染设施设备布置应与船舶防火控制图等法定文件和证书的要求保持一致。

6.4.6.4 应定期开展效用试验。

6.5 科技创新与信息化

6.5.1 科技创新及应用

6.5.1.1 应使用先进的、安全性能可靠的新技术、新工艺、新设备和新材料,优先选购安全、高效、节能的先进设备。

6.5.1.2 组织开展安全生产科技攻关或课题研究。

6.5.1.3 设有安全生产管理系统或平台,包括但不限于下述系统:

——船舶机务管理系统;

——船舶备件管理系统;

——船员管理系统;

——船舶安全检查信息管理系统;

——船舶缺陷及隐患管理系统;

——船舶航次管理系统。

6.5.1.4 采用现代科技手段,提升安全管理水平。包含但不限于:电子海图(电子航道图)、远程视频监控等。

6.5.2 科技信息化

6.5.2.1 企业及船舶应设有电子显示设备。

6.5.2.2 根据企业实际情况设置其他安全生产监管信息系统,确保船舶安全航行。包括但不限于下述系统:

——值班管理系统;

——安全风险分级管控系统;

——事故隐患排查治理信息系统;

——投诉管理系统;

——检查或督查管理系统。

6.6 教育培训

6.6.1 资格培训

6.6.1.1 主要负责人和安全管理人员应接受安全培训,并取得安全资格证书。

6.6.1.2 关键操作人员应按有关规定参加安全教育培训并考核合格,取得适任船员资格证后,方可从事相应的关键设备作业或者管理工作,并按规定定期进行复审。

6.6.2 日常安全教育培训

6.6.2.1 应对相关方上船作业人员进行安全教育,保存安全教育记录。

6.6.2.2 应告知外来参观、学习等人员有关安全规定及安全注意事项。

6.7 作业管理

6.7.1 生产流程

6.7.1.1 应根据船舶类型、装卸货种、装卸方式、积载要求等情况选择合适的符合规范要求的流程。

6.7.1.2 作业人员应了解载运货种的危险特性、船舶航行危险因素等信息。

6.7.1.3 严格执行操作规程和安全生产作业规定。

6.7.2 船舶进出港

船舶进出港应严格遵守安全规范。

6.7.3 船舶靠离泊

船舶靠离码头及锚泊作业应严格遵守安全规范。

6.7.4 货物装卸

6.7.4.1 应执行装卸货申报、准备、装卸作业、货物管理等各环节规定,符合相关主管机构管理规定,保存相关记录。

6.7.4.2 指定人员对装卸作业进行管理。

6.7.4.3 编制货物装积载和装卸计划,装卸作业前进行船岸安全信息交流,保存相关记录。

6.7.4.4 制定并执行易流态化货物装卸和载运安全措施,保存相关记录。

6.7.4.5 应执行《压载水管理计划》,保存相关记录。

6.7.5 船舶航行与停泊

6.7.5.1 应执行开航前安全检查制度,轮、驾两部联系制度,机舱巡回检查制度、航次作业会议制度,保存相关记录。

6.7.5.2 应制定船舶防碰、防风、防雾、防触礁、防搁浅、防火防爆、防人员落水、防污染,靠(离)泊作业、过闸、过桥,以及通过危险航段和船舶求助作业等关键性操作措施,并严格实施,保存相关记录。

6.7.5.3 应执行航行值班制度、停泊值班制度、交接班制度、驾驶台规则和安全会议制度等,保存相关记录。

6.7.5.4 重要时期实行领导到岗带班,有值班记录。

6.7.5.5 船舶航行日志、轮机日志、车钟记录、油类记录簿、垃圾记录等台账记录应完整、规范。

6.7.5.6 严禁超载、超限等违反运输规定的行为。

6.7.6 危险作业管理

建立并落实危险作业许可管理制度,明确责任部门、人员、许可范围、审批程序、许可签发人员等。危险作业包括但不限于下列作业:危险区域动火作业、进入受限空间作业、高处作业、其他危险生产作业。危险作业审批记录以及相应的作业记录应予以保存。

6.7.7 相关方管理

应执行相关方人员安全管理制度,明确安全职责和可能接触到的危害,告知应急避险知识,并保留相关记录。相关方人员包含但不限于:货主、供应商、参观、学习、检查、码头以及第三方等人员。

6.7.8 消防管理

6.7.8.1 建立防火安全管理制度、船舶使用明火作业申报制度,并贯彻落实。

6.7.8.2 制定固定灭火系统安全操作程序。

6.7.8.3　船舶生活区张贴防火安全须知，对登船人员实行消防安全提示。

6.7.8.4　定期开展消防安全检查，统计分析消防工作现状，完善消防工作措施。

6.7.8.5　船舶配有火灾应急应变部署表、船舶防火控制图。

6.7.8.6　按规定制订消防演习计划，按计划进行演习并保存相应记录。

6.7.9　防污染管理

6.7.9.1　制订船舶防污染应急计划，并得到主管机关批准。

6.7.9.2　制定垃圾管理制度，实行分类收集存放管理。

6.7.9.3　制定加装燃润油和油污水、生活污水处理程序，并严格执行。

6.7.9.4　按规定制订溢油应急演习计划，按计划进行溢油应急演习并保存相应记录。

6.7.10　救生管理

应按规定制定营救落水人员的计划和程序，按规定进行救生演习并保存相应记录。

6.7.11　船舶保安

6.7.11.1　船舶应装备经船舶检验机构认可的保安器材，按规定进行检查、检验和保养，并定期对该设备进行测试，保证正常可用。

6.7.11.2　按规定建立船舶保安体系，严格执行登轮检查，开展定期演练，并保存相应记录。

6.7.12　警示标志

在存在危险因素的作业场所和设备设施，设置明显的安全警示标志，警示、告知危险种类、后果及应急设施。

6.7.13　变更管理

企业应制定并执行变更管理制度，对人员、货种、设备设施、管理及环境等永久性或暂时性的变化进行有计划的控制。变更的实施应履行审批及验收程序，对变更过程及变更所产生的风险进行分析和控制，并保存变更记录。

6.8　职业健康

依法为从业人员缴纳工伤保险。

6.9 安全文化

6.9.1 制订主要领导和安全管理人员访船计划,并严格执行。

6.9.2 鼓励员工发现并报告安全管理存在的问题,并建立激励机制。

6.10 应急救援

按照有关规定制订船、岸应急预案演练计划,并按计划组织开展应急预案演练。

附件2　交通运输部关于印发《交通运输企业安全生产标准化建设评价管理办法》的通知

交安监发〔2016〕133号

各省、自治区(直辖市)、长江航务管理局：

为深入贯彻落实《中华人民共和国安全生产法》，大力推进企业安全生产标准化建设，现将《交通运输企业安全生产标准化建设评价管理办法》印发给你们，请遵照执行。

交通运输部

2016年7月26日

交通运输企业安全生产标准化建设评价管理办法

第一章　总　　则

第一条　为推进交通运输企业安全生产标准化建设，规范评价工作，促进企业落实安全生产主体责任，依据《中华人民共和国安全生产法》，制定本办法。

第二条　本办法适用于中华人民共和国境内交通运输企业安全生产标准化建设评价及其监督管理工作。

第三条　交通运输部负责全国交通运输企业安全生产标准化建设工作的指导，具体负责一级评价机构的监督管理。

省级交通运输主管部门负责本管辖范围内交通运输企业安全生产标准化建设工作的指导，具体负责二、三级评价机构的监督管理。

长江航务管理局、珠江航务管理局分别负责行政许可权限范围内的长江干线、西江干线省际航运企业安全生产标准化建设工作的指导，具体负责二、三级评价机构的监督管理（以上部门和单位统称为主管机关）。

第四条　交通运输企业安全生产标准化建设按领域分为道路运输、水路运输、港口营运、城市客运、交通运输工程建设、收费公路运营六个专业类型和其他类型（未列入前六种类型，但由交通运输管理部门审批或许可经营）。

道路运输专业类型含道路旅客运输、道路危险货物运输、道路普通货物运输、道路货物运输站场、汽车租赁、机动车维修和汽车客运站等类别；水路运输专业类型含水路旅客运输、水路普通货物运输、水路危险货物运输等类别；港口营运专业类型含港口客运、港口普通货物营运、港口危险货物营运等类别；城市客运专业类型含城市公共汽车客运、城市轨道交通运输和出租汽车营运等类别；交通运输工程建设专业类型含交通运输建筑施工企业和交通工程建设项目等类别；收费公路运营专业类型含高速公路运营、隧道运营和桥梁运营等类别。

第五条　交通运输企业安全生产标准化建设等级分为一级、二级、三级，其中一级为最高等级，三级为最低等级。水路危险货物运输、水路旅客运输、港口危险货物营运、城市轨道交通、高速公路、隧道和桥梁运营企业安全生产标准化建设等级不设三级，二级为最低等级。

交通运输企业安全生产标准化建设标准和评价指南，由交通运输部另行发布。

第六条　交通运输企业安全生产标准化建设评价工作应坚持“政策引导、依法推进、政府监管、社会监督”的原则。

第七条　交通运输企业安全生产标准化建设评价及相关工作应统一通过交通运输企业安全生产标准化管理系统（简称管理系统）开展。

第八条　交通运输部通过购买服务委托管理维护单位，具体承担管理系统的管理、维护与数据分析、评审员能力测试题库维护、评价机构备案和档案管理等日常工作。各省级主管机关可根据需要通过购买服务委托省级管理维护单位承担相关日常工作。

第九条　管理维护单位应具备以下条件：

（一）具有独立法人资格，从事交通运输业务的事业单位或经批准注册的交通运输行业社团组织；

（二）具有相适应的固定办公场所、设施和必要的技术条件；

（三）配有满足工作所需的管理和技术人员；

（四）3 年内无重大违法记录，信用状况良好；

（五）具有完善的内部管理制度；

（六）法律、法规规定的其他条件。

第十条 主管部门应与委托的管理维护单位签订合同或协议，明确委托工作任务、要求及相关责任。

第十一条 管理维护单位因自身条件变化不满足第九条要求或不能履行合同承诺的，主管机关应解除合同并及时向社会公告。

第二章 评 审 员

第十二条 评审员是具有企业安全生产标准化建设评价能力，进入评审员名录的人员。

第十三条 凡遵守法律法规，恪守职业道德，符合下列条件，通过管理系统登记报备，经公示 5 个工作日，公示结果不影响登记备案的，自动录入评审员名录。

（一）具有全日制理工科大学本科及以上学历；

（二）具备中级及以上专业技术职称，或取得初级技术职称 5 年以上；

（三）具有 5 年及以上申报专业类型安全相关工作经历；

（四）身体健康，年龄不超过 70 周岁；

（五）同时登记备案不超过 3 个专业类型；

（六）通过管理系统相关专业类型专业知识、技能和评价规则的在线测试；

（七）申请人 5 年内未被列入政府、行业黑名单或 1 年内未被列入政府、行业公布的不良信息名录；

（八）评审员承诺备案信息真实，考评活动中严格遵守国家有关法律法规，不弄虚作假、提供虚假证明，一旦违反，自愿退出交通运输企业安全生产标准化建设评价相关活动。

第十四条 评审员按专业类型自愿申请登记在一家评价机构后，方可从事交通运输企业安全生产标准化建设评价工作，登记完成后 12 个月内不可撤回。

第十五条 评审员应按年度开展继续教育学习，自登记备案进入评审员名录后，每 12 个月周期内均应通过管理系统进行继续教育在线测试。通过测试的，可继续从事企业安全生产标准化建设评价工作；未通过测试的，暂停参加评价活动，直至通过继续教育测试。继续教育测试不收取任何费用。

第十六条 部级管理维护单位应按年度发布评审员继续教育测试大纲，评审员年度继续教育测试大纲应包含以下内容：

（一）相关专业的安全生产法律、法规、标准规范；

（二）交通运输企业安全生产标准化建设有关新政策；

（三）应更新的安全生产专业知识。

第十七条 评审员个人信息变动应于5个工作日内通过管理系统报备。

第十八条 评审员向受聘的评价机构申请不再从事企业安全生产标准化建设评价工作，或年龄超过70周岁的，部管理维护单位应在5个工作日内注销其备案信息。

第三章 评价机构

第十九条 评价机构是指满足评价机构备案条件，完成管理系统登记报备，从事交通运输企业安全生产标准化建设评价的第三方服务机构。

第二十条 评价机构分为一、二、三级。一级评价机构向交通运输部备案，二、三级评价机构向省级主管机关备案。

一级评价机构可承担申请一、二、三级的企业安全生产标准化评价工作，二级评价机构可承担备案地区申请二、三级的企业安全生产标准化评价工作，三级评价机构可承担备案地区申请三级的企业安全生产标准化评价工作。

第二十一条 凡符合以下条件，通过管理系统登记备案，经公示5个工作日，公示结果不影响登记备案的，自动录入评价机构名录。

（一）从事交通运输业务的独立法人单位或社团组织；

（二）具有一定的交通运输企业安全生产标准化建设评价或交通运输安全生产技术服务工作经历；

（三）具有相适应的固定办公场所、设施；

（四）具有一定数量专职管理人员和相应专业类型的自有评审员；

（五）初次申请一级评价机构备案，应已完成本专业类型二级评价机构备案1年以上，并具有相关评价经历；

（六）建立了完善的管理制度体系；

（七）单位或法定代表人3年内未被列入政府、行业黑名单或1年内未被列入政府、行业公布的不良信息名录；

（八）评价机构同一等级登记备案不超过3个专业类型；

（九）评价机构承诺备案信息真实，严格遵守国家有关法律法规，不弄虚作假、提供虚假证明，一旦违反，自愿退出交通运输企业安全生产标准化建设评价相关活动；

（十）满足其他法律法规要求。

以上第一至五款评价机构具体备案条件见附录A。

第二十二条 评价机构进入评价机构名录后，备案信息有效期5年，并向社会公布。备案信息公布内容应包含评价机构的名称、法定代表人、专业类型、等级、地址和印模、备案号和有效期等。

第二十三条 评价机构可在登记备案期届满前1个月通过管理系统进行延期备案，延期备案符合下列条件，经公示5个工作日后，结果不影响延期备案的，自动延长备案期5年。

(一)单位经营资质合法有效；

(二)未被主管机关列入公布的不良信息名录；

(三)满足该等级评价机构登记备案条件。

第二十四条 评价机构名称、地址或法定代表人变更，或从事专职管理和评价工作的人员变动累计超过25%的，应通过管理系统进行信息变更备案。

第二十五条 评价机构应不断完善内部管理制度，严格规范评价过程管理，并对评价和年度核查结论负责。

第二十六条 评价机构应按年度总结评价工作，于次年1月底前通过管理系统报管理维护单位，管理维护单位汇总分析后，形成年度报告报主管机关。

第二十七条 评价机构在妥善处置其负责评价和年度核查相关业务后，可向登记备案的管理维护单位申请注销其评价机构备案信息，管理维护单位核实相关业务处置妥善后应在5个工作日内完成备案注销工作，并通过管理系统向社会公布。评价机构申请注销的，2年内不得重新备案，所聘评审员自动恢复未登记评价机构状态。

第四章 评价与等级证明颁发

第二十八条 评价机构负责交通运输企业安全生产标准化建设评价活动的组织实施和评价等级证明的颁发。

第二十九条 交通运输企业安全生产标准化建设评价包括初次评价、换证评价和年度核查三种形式。

第三十条 交通运输企业安全生产标准化建设等级证明应按照交通运输部规定的统一样式制发，有效期3年。

第三十一条 已经通过低等级交通运输企业安全生产标准化建设评价的企业申请高等级交通运输企业安全生产标准化建设评价的，评价及颁发等级证明应按照初次评价的有关规定执行。

第三十二条 交通运输企业应根据经营范围分别申请相应专业类别建设评价，属同一专业类型不同专业类别的，可合并评价。

第三十三条 交通运输企业申请安全生产标准化建设评价应遵循以下规定：

（一）依照法律法规要求自主申请；

（二）自主选择相应等级的评价机构；

（三）评价过程中，向评价机构和评审员提供所需工作条件，如实提供相关资料，保障有效实施评价；

（四）有权向主管机关、管理维护单位举报、投诉评价机构或评审员的不正当行为。

第三十四条　交通运输企业在取得安全生产标准化等级证明后，应根据评价意见和标准要求不断完善其安全生产标准化管理体系，规范安全生产管理和行为，形成可持续改进的长效机制，并接受主管机关、评价机构的监督。

第一节　初次评价

第三十五条　申请初次评价应具备以下条件：

（一）具有独立法人资格，从事交通运输生产经营建设的企业或独立运营的实体；

（二）具有与其生产经营活动相适应的经营资质、安全生产管理机构和人员，并建立相应的安全生产管理制度；

（三）近1年内没有发生较大以上安全生产责任事故；

（四）已开展企业安全生产标准化建设自评，结论符合申请等级要求。

第三十六条　交通运输企业应通过管理系统向所选择的评价机构提出企业安全生产标准化建设评价申请，申报初次评价应提交以下资料：

（一）标准化建设评价申请表（样式由管理系统提供）；

（二）法律法规规定的企业法人营业执照、经营许可证、安全生产许可证等；

（三）企业安全生产标准化建设自评报告。自评报告应包含：企业简介和安全生产组织架构；企业安全生产基本情况（含近3年应急演练、一般以上安全事故和重大安全事故隐患及整改情况）；从业人员资格、企业安全生产标准化建设过程；自评综述、自评记录、自评问题清单和整改确认；自评评分表和结论等。

第三十七条　评价机构接到交通运输企业评价申请后，应在5个工作日内完成申请材料完整性和符合性核查。核查不通过的，应及时告知企业，并说明原因。评价机构对申请材料核查后，认为自身能力不足或申请企业存在较大安全生产风险时，可拒绝受理申请，并向其说明，记录在案。

第三十八条　企业申请资料核查通过后，评价机构应成立评价组，任命评价组长，制定评价方案，提前5个工作日告知当地主管机关后，满足下列条件，可启动现场评价。

（一）评价组评审员不少于3人，其中自有评审员不少于1人；

（二）评价组长原则上应为自有评审员，且具有2年和8家以上同等级别企业安全生产标准化建设评价经历，3年内没有不良信用记录，并经评价机构培训，具有较强的现场沟通协调和组织能力；

（三）评价组应熟悉企业评价现场安全应急要求和当地相关法律法规和标准规范要求。

第三十九条 评价机构应在接受企业评价申请后30个工作日内完成对企业的现场评价工作，并提交评价报告。

第四十条 现场评价工作完成后，评价组应向企业反馈发现的安全事故隐患和问题、整改建议及现场评价结论，形成现场评价问题清单，问题清单应经企业和评价组签字确认。现场发现的重大安全事故隐患和问题应向负有直接安全生产监督管理职责的交通运输管理部门和相应的主管机关报告。

第四十一条 企业对评价发现的安全事故隐患和问题，在现场评价结束30日内按要求整改到位的，经申请，由评价机构确认整改合格，所完成的整改内容可视为达到相关要求；对于不影响评价结论的安全事故隐患和问题，企业应按评价机构有关建议积极组织整改，并在年度报告中予以说明。

第四十二条 评价案卷应包含下列内容：

（一）申请资料核查记录及结论；

（二）现场评价通知书（应包含评价时间、评价组成员等）；

（三）评价方案；

（四）企业安全生产重大问题整改报告及验证记录；

（五）评价报告，包括现场评价记录、现场收集的证据材料、问题清单及整改建议、评价结论及评价等级意见；

（六）其他必要的评价证据材料。

第四十三条 评价机构应对评价案卷进行审核，形成评价报告（附评价综述、评价结论和现场发现问题清单）及其他必要的评价资料通过管理系统向管理维护单位报备。评价机构评价结论认为符合颁发评价等级证明的，应报管理维护单位向社会公示5个工作日；公示结果不影响评价结论的，评价机构应向企业颁发交通运输企业安全生产标准化评价等级证明。

第四十四条 企业对评价结论存有异议的，可向评价机构提出复核申请，评价机构应针对复核申请事项组织非原评审员进行逐项复核，复核工作应在接受企业复核申请之日起20个工作日完成，并反馈复核意见。企业对评价机构复核结论仍存异议的，可选择其他评价机构申请评价。涉及评价机构评价工作不公正和违规行为的，企业可向相应管理维护单位或主管机关投诉、举报。

第四十五条 交通运输企业安全生产标准化建设等级证明格式由交通运输部统一规定（附录B），证明应注明类型、类别、等级、适用范围和有效期等。

第四十六条 管理维护单位应在收到评价机构报备的评价等级证明、评价报告等资料5个工作日内,向社会公布获得交通运输企业安全生产标准化建设等级证明的企业和评价机构有关信息,接受社会监督。

第二节 换证评价

第四十七条 已经取得安全生产标准化评价等级证明的企业在证明有效期满之前可向评价机构申请换证评价,换证完成后,原证明自动失效。

第四十八条 企业申请换证评价时,应提交以下材料:

(一)企业法人营业执照、经营许可证等;

(二)原交通运输企业安全生产标准化建设等级证明;

(三)企业换证自评报告和企业基本情况、安全生产组织架构;

(四)企业安全生产标准化运行情况,以及近3年安全生产事故或险情、重大安全生产风险源及管控、重大安全事故隐患及治理等情况。

第四十九条 申请换证的企业在取得等级证明3年且满足下列条件,在原证明有效期满之日前3个月内可直接向评价机构申请换发同等级企业安全生产标准化建设等级证明:

(一)企业年度核查等级均为优秀(含换证年度);

(二)企业未发生一般及以上等级安全生产责任事故;

(三)企业未发生被主管机关安全生产挂牌督办或约谈;

(四)企业安全生产信用等级评为B级以上;

(五)企业未违反其他安全生产法律法规有关规定;

(六)安全生产标准化建设标准发生变化的,年度核查或有关证据证明其满足相关要求。

第五十条 换证评价及等级证明颁发的流程、范围和方法按照初次评价的有关规定执行。

第三节 年度核查

第五十一条 企业取得安全生产标准化建设等级证明后,有效期内应按年度开展自评,自评时间间隔不超过12个月,自评报告应报颁发等级证明的评价机构核查。

第五十二条 评价机构对企业年度自评报告核查发现以下问题的,可进行现场核查:

(一)自评结论不能满足原有等级要求的;

(二)自评报告内容不全或存在不实,不能真实体现企业安全生产标准化建设实际情况的;

(三)企业生产经营状况发生重大变化的,包括生产经营规模、场所、范围或主要安全管理团队等;

(四)企业未按要求及时向评价机构报告重大安全事

故隐患和较大以上安全生产责任事故的；

（五）相关方对企业的安全生产提出举报、投诉；

（六）企业主动申请现场复核。

第五十三条 评价机构应在企业提交年度自评报告15个工作日内完成自评报告年度核查，需进行现场核查的，应在30个工作日内完成。

第五十四条 年度核查结论分为不合格、合格和优秀三个等级评价，并通过管理系统向社会公开。企业安全生产标准化建设运行情况不能持续满足所取得的评价等级要求，或长期存在重大安全事故隐患且未有效整改的评为不合格；基本满足且对不影响评价结论的问题和重大安全事故隐患进行有效整改的评为合格；满足原评价等级所有要求，并建立有效的企业安全生产标准化持续改进工作机制，且运行良好，重大安全事故隐患和问题整改完成的，评为优秀。对于年度核查评为优秀，应由企业在年度自查报告中主动提出申请，经评价机构核查，包括进行现场抽查验证通过后，方可评为优秀。

第五十五条 评价机构对企业的年度核查评价在合格以上的，维持其安全生产标准化建设等级证明有效；年度核查评价不合格或未按要求提交自评报告的，评价机构应通知企业并提出相关整改建议，企业在30日内未经验收完成整改，或仍未提交自评报告，或拒绝评价机构现场复核的，评价机构应撤销并收回企业安全生产标准化建设等级证明，并通过管理系统向社会公告。

第五十六条 已经取得交通运输企业安全生产标准化建设等级证明的企业，在有效期内发现存在重大安全事故隐患或发生较大及以上安全生产责任事故的，应在10个工作日内向颁发等级证明的评价机构报送相关信息，评价机构可视情况开展企业安全生产标准化建设核查工作。

第五十七条 评价机构撤销企业安全生产标准化建设等级证明的，应通过管理系统向管理维护单位备案。

第四节　证明补发和变更

第五十八条 企业安全生产标准化建设等级证明遗失的，可向颁发等级证明的评价机构申请补发。

第五十九条 企业法定代表人、名称、经营地址等变更的，应在变更后30日内，向颁发等级证明的评价机构提供有关证据材料，申请对企业安全生产标准化评价等级证明的变更。

第六十条 评价机构发现申请安全生产标准化建设等级证明变更的企业的安全生产条件发生重大变化，超出第四十九条情况的，可进行现场核实，核实结果不影响变更证明的，应予以变更，核实认为企业安全生产条件不满足维持原证明等级要求的，原证明应予以撤销并通过管理系统向社会公示。

第六十一条　评价机构应在接受企业提出的证明变更申请后30日内,完成证明变更。

第五章　监 督 管 理

第六十二条　主管机关应加强对管理维护单位、评价机构和评审员的监督管理,建立健全日常监督、投诉举报处理、评价机构和评审员信用评价、违规处理和公示公告等机制,规范交通运输企业安全生产标准化建设评价工作。省级主管机关对日常监督管理工作中发现的一级评价机构存在的违法违规行为应通过管理系统上报。

第六十三条　主管机关应采取"双随机、一公开"的突击检查方式,组织抽查本管辖范围内从事相关业务的评价机构和评审员相关工作。抽查内容应包含:机构备案条件、管理制度、责任体系、评价活动管理、评审员管理、评价案卷、现场评价以及机构能力保持和建设等。

第六十四条　交通运输管理部门应将企业安全生产标准化建设工作情况纳入日常监督管理,通过政府购买服务委托第三方专业化服务机构,对下级管理部门及辖区企业推进企业安全生产标准化建设工作情况进行抽查,抽查情况应向行业通报。

第六十五条　已经取得交通运输企业安全生产标准化评价等级证明的企业,在有效期内发生重大及以上安全生产责任事故,或1年内连续发生2次以上较大安全生产责任事故的,评价机构应对该企业安全生产标准化建设情况进行核查,不满足原等级要求的,应及时撤销其安全生产标准化等级证明。事故等级按照《生产安全事故报告和调查处理条例》(国务院令第493号)和《水上交通事故统计办法》(交通运输部令2014年15号)确定。

第六十六条　负有直接安全生产监督管理职责的交通运输管理部门应对企业安全生产标准化建设评价中发现的重大安全事故隐患及时进行核查,确认后责令企业立即整改,并依法依规追究相应人的责任。

第六十七条　主管机关应建立投诉举报渠道,公布邮箱、电话,接受实名投诉举报。

第六十八条　主管机关接到有关企业安全生产标准化建设评价实名举报或投诉的,经确认举报或投诉事项是属本单位管辖权限,应在60个工作日内完成调查核实处理,并将处理意见向举报人反馈。

第六十九条　投诉举报第一接报主管机关对确认不属本单位管辖权限的,应在5个工作日内告知举报人,并建议其向具有管辖权限的主管机关举报。

第七十条　评审员、评价机构违背承诺,其备案信息经核实存在弄虚作假的，管理维护单位应在 3 个工作日内将其列入黑名单，并通过管理系统向社会公告。

第七十一条 管理维护单位应对评审员、评价机构发生的违规违纪和违反承诺等失信行为，依据评审员、评价机构信用扣分细则（见附录 C）进行记录。

第七十二条 评审员、评价机构信用等级按其扣分情况分为 AA、A、B、C、D 共 5 个等级，未扣分的为 AA；扣 1～2 分的为 A；扣 3～8 分的为 B；扣 9～14 分的为 C；扣 15～19 分的为 D；信用扣分超过 20 分（含 20 分）的列入黑名单。以上信用扣分按近 3 年扣分累计。

第七十三条 部管理维护单位应通过管理系统，按年度向社会公布管辖范围内一级评价机构、评审员 3 年内违规行为和信用等级汇总情况，以及评价机构所颁发等级证明的企业及其近 5 年发生等级以上安全生产事故情况。评审员发生信用扣分的，管理维护单位应告知评审员登记的评价机构。

省级管理维护单位应通过管理系统，按年度向社会公布管辖范围内二、三级评价机构，以及评价机构所颁发等级证明的企业及其近 5 年发生等级以上安全生产事故情况。

第七十四条 交通运输管理部门应将交通运输企业安全生产标准化建设情况和评价结果纳入企业安全生产信用评价范围，鼓励引导交通运输企业积极开展安全生产标准化建设。

第七十五条 交通运输管理部门应加强对企业安全生产标准化评价结果应用，作为实施分级分类、差异化监管的重要依据；对安全生产标准化未达标或被撤销等级证明的企业应加大执法检查力度，予以重点监管。客运、危险货物经营企业安全生产标准化建设评价及年度核查情况应作为企业经营资质年审和运力更新、新增审批、招投标的安全条件重要参考依据。

第七十六条 主管机关和管理维护单位的工作人员发生失职渎职的，应按规定追究相关责任人责任；评价机构的工作人员和评审员发生弄虚作假、违法违纪行为，依法依规追究相关人员法律责任。

第六章　附　　则

第七十七条 交通运输企业安全生产标准化是指企业通过落实安全生产主体责任，全员全过程参与，建立安全生产各要素构成的企业安全生产管理体系，使生产经营各环节符合安全生产、职业病防治法律、法规和标准规范的要求，人、机、环、管处于受控状态，并持续改进。

第七十八条 交通运输企业安全生产标准化建设评价是指企业安全生产标准化评价机构，依据相关法律法规和企业安全生产标准化建设标准，评价企业安全生产标准化建设情况，对评价过程中发现安全生产的问题，提出整改建议，是促进企业安全生产标准化建设工作的重要方式。

第七十九条　对企业所实施的安全生产标准化建设评价，不解除企业遵守国际、国内有关安全生产法律法规的责任和所承担的企业安全生产主体责任。

第八十条　航运企业已建立安全管理体系并取得符合证明(DOC)的，视同满足企业安全生产标准化二级达标水平。

第八十一条　省际运输企业是指从事省际道路或水路运输的交通运输企业。

第八十二条　自有评审员是指与受聘评价机构签订正式劳动合同，且受聘评价机构已为其连续缴纳1年以上社保的人员。

第八十三条　本办法所称企业是指从事公路、水路交通运输的生产经营单位，包括直接从事生产经营行为的事业单位。

第八十四条　省级主管机关未委托管理维护单位的，本管理办法涉及的相关工作由其承担。

第八十五条　管理系统由交通运输部统一开发，委托管理维护单位负责日常维护。

第八十六条　本办法自发布之日实施，有效期5年。《关于印发交通运输企业安全生产标准化考评管理办法和达标考评指标的通知》(交安监发〔2012〕175号)及《关于印发交通运输企业安全生产标准化相关实施办法的通知》(厅安监字〔2012〕134号)同时废止。

附录 A

评价机构登记备案条件

序号	条件	要求			备注
		一级	二级	三级	
1	固定办公场所面积	不少于 $300m^2$	不少于 $200m^2$	不少于 $100m^2$	需提供房屋产权证明或 1 年以上的租赁合同
2	专职管理人员	不少于 8 人	不少于 5 人	不少于 3 人	需提供人员正式劳务合同(事业单位需提供加盖单位公章的人员在职证明),连续 1 年以上的单位代缴纳的纳税证明和社保缴费证明
3	自有评审员	不少于 30 名本专业自有评审员	不少于 12 名本专业自有评审员	不少于 6 名本专业自有评审员	
4	高级职称人员	不少于 10 人	不少于 3 人	不少于 2 人	高级职称是指国家认可的从事管理、技术、生产、检验和评估评价的高级技术人员,但不含高级经济师、高级政工师等非相关职称
5	工作经验	1. 至少具备 5 年以上从事交通运输相关业务领域咨询服务工作的经验。 2. 至少具备 1 年以上二级评价机构备案经历。 3. 已评价一定数量本专业二级企业	1. 至少具备 3 年以上从事交通运输相关业务领域咨询服务工作的经验。 2. 至少具备 1 年以上三级评价机构备案经历。 3. 已评价一定数量本专业三级企业	至少具备 3 年以上从事交通运输相关业务领域咨询服务工作的经验	评价机构申请备案一级资质需评价二级企业家数(新增专业类型不需要): 道路运输:200 家;水路运输:80 家;港口营运:50 家;城市客运:100 家;交通工程建设:100 家。 评价机构申请备案二级资质需评价三级企业家数(新增专业类型不需要)由各省主管机关确定

注:上述条件为单个专业类型登记备案条件,本办法实施前已经取得评价机构证书的评价机构备案不受此条件限制;已经完成其他类型评价机构备案,增加评价机构备案类型的,不要求具有下一级评价机构备案及相关要求。二、三级评价机构备案条件为最低要求,各省级主管机关可根据具体情况参照设定相应备案条件。

附录 B

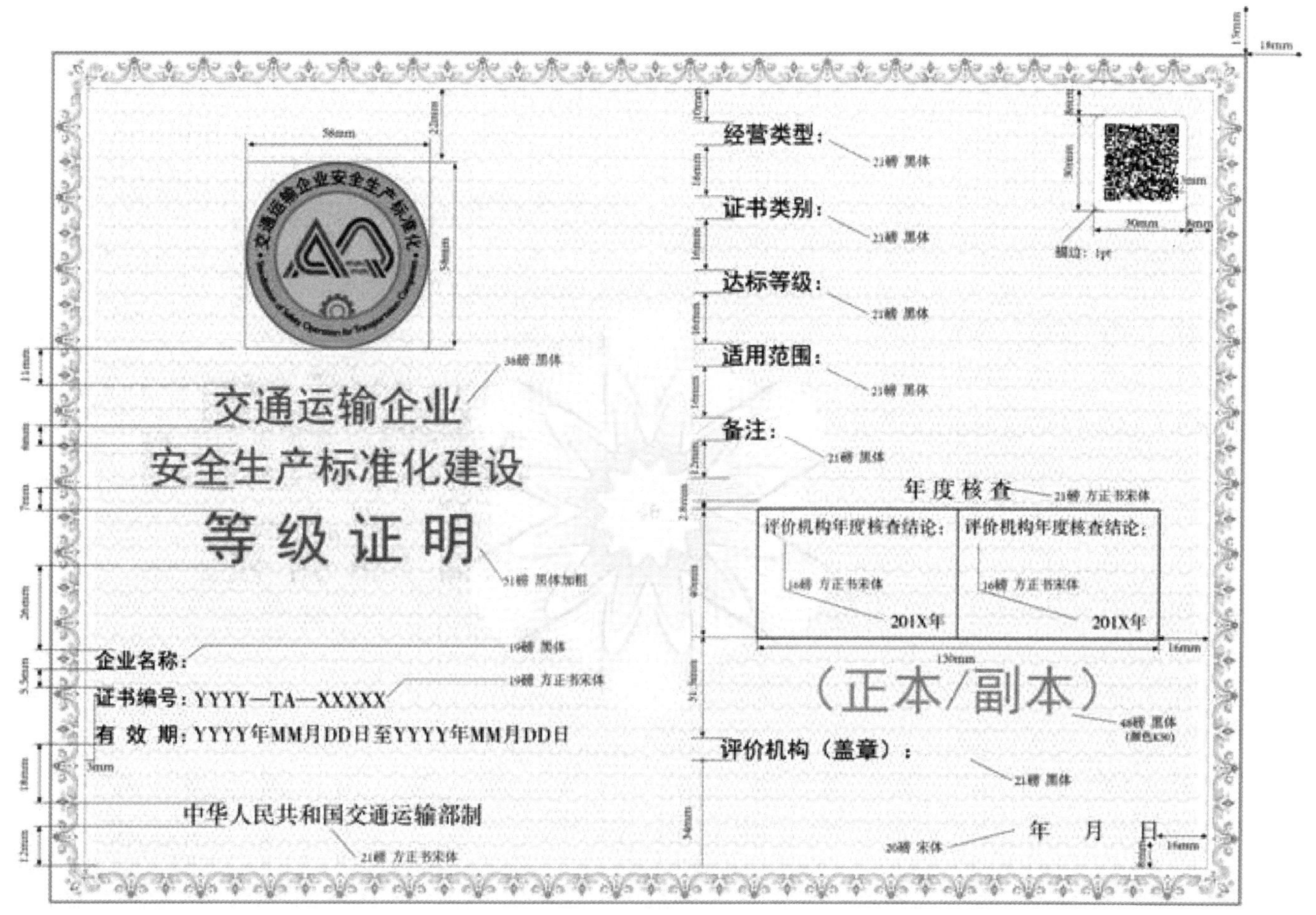

交通运输企业安全生产标准化
36磅 黑体
交通运输企业
安全生产标准化建设
等级证明
51磅 黑体加粗
企业名称：
19磅 黑体
证书编号：YYYY—TA—XXXXX
19磅 方正书宋体
有 效 期：YYYY年MM月DD日至YYYY年MM月DD日
中华人民共和国交通运输部制
21磅 方正书宋体
经营类型：
21磅 黑体
证书类别：
21磅 黑体
达标等级：
21磅 黑体
适用范围：
21磅 黑体
备注：
21磅 黑体
年度核查
21磅 方正书宋体
评价机构年度核查结论：
16磅 方正书宋体
201X年
评价机构年度核查结论：
16磅 方正书宋体
201X年
（正本/副本）
48磅 黑体
评价机构（盖章）：
21磅 黑体
年　月　日
20磅 宋体

证明格式及编号说明

1. 等级证明纸张大小为420mm×297mm(A3),带底纹。

2. 证明编号格式为 YYYY—TA—XXXXXX。YYYY 表示年份;TA 表示负责颁发等级证明的评价机构监督管理的省级以上管理维护单位(01 表示交通运输部,02 表示北京市,03 表示天津市,04 表示河北省,05 表示山西省,06 表示内蒙古自治区,07 表示辽宁省,08 表示吉林省,09 表示黑龙江省,10 表示上海市,11 表示江苏省,12 表示浙江省,13 表示安徽省,14 表示福建省,15 表示江西省,16 表示山东省,17 表示河南省,18 表示湖北省,19 表示湖南省,20 表示广东省,21 表示海南省,22 表示广西壮族自治区,23 表示重庆市,24 表示四川省,25 表示贵州省,26 表示云南省,27 表示西藏自治区,28 表示陕西省,29 表示甘肃省,30 表示青海省,31 表示宁夏回族自治区,32 表示新疆维吾尔自治区,33 表示新疆生产建设兵团,34 表示长江航务管理局,35 表示珠江航务管理局);XXXXXX 表示序列号。

3. 经营类别分为道路客运运输、道路危险货物运输、道路普通货物运输、道路货物运输站场、汽车租赁、机动车维修、汽车客运站、水路客运运输、水路普通货物运输、水路危险货物运输、港口客运、港口普通货物营运、港口危险货物营运、城市公共汽车客运、城市轨道交通运输、出租汽车营运、交通运输建筑施工企业、交通工程建设项目、收费高速公路、隧道和桥梁运营等类别。

4. 评价等级分一级、二级、三级 3 个级别。

5. 评价机构颁发等级证明印章使用圆形封口章,名称统一为“＊＊＊企业安全生产标准化评价专用章”,“＊＊＊”为颁发等级证明的评价机构名称,“达标专用章”封口。

6. 证明电子模板可在管理系统下载。

7. 证明正本 1 份,副本 3 份。

附录 C

评审员评价机构信用扣分细则

一、评审员发生下列情形的,信用分值扣1分:

(一)管理维护单位对评审员评价能力、评价技巧、抽样或流程符合性提出质疑的;

(二)评审员信息发生变更,未按照规定办理变更手续的;

(三)经核实,评价期间不遵守有关纪律,迟到或提早离场的;

(四)未按评价计划实施现场评价,但不影响评价过程的。

二、评审员发生下列情形的,信用分值扣2分:

(一)以个人名义或未经评价机构同意,开展与评价相关活动;

(二)近3年内,管理维护单位对评审员评价能力、评价技巧、抽样或流程符合性提出质疑2次的评审员;

(三)近3年内,评审员参与评价的企业有20% ~30%发生一般等级以上安全生产责任事故;

(四)近3年内,评审员参与评价的企业发生了1起一般安全生产责任事故,且事故调查确定的直接原因在评价时已经存在,但评价中未识别或指出;

(五)未按评价计划实施现场评价,影响评价过程的。

三、评审员发生下列情形的,信用分值扣5分:

(一)与申请评价的企业存在利害关系的,未回避的;

(二)近3年内管理维护单位对评审员评价能力、评价技巧、抽样或流程符合性提出质疑3次及以上的评审员;

(三)非故意泄露企业技术和商业秘密,未造成严重后果的;

(四)近3年内,评审员参与评价的企业有30% ~50%发生一般等级以上安全生产责任事故;

(五)近3年内,评审员参与评价的企业发生了1起较大安全生产责任事故,且事故调查确定的直接原因在评价时已经存在,但评价中未识别或指出;

(六)受到主管部门通报批评的。

四、评审员发生下列情形的,信用分值扣10分:

(一)评价活动中为第三方或个人谋取利益,但不构成违法的;

(二)未按要求如实反映企业重大安全事故隐患或风险的;

(三)允许他人借用自己的名义从事评价活动的;

(四)近3年内,评审员参与评价的企业有50%以上发生一般等级以上安全生产责任事故;

(五)近3年内,评审员参与评价的企业发生了1起重大上安全生产责任事故，且事故调查确定的直接原因在评价时已经存在，但评价中未识别或指出。

五、评审员发生下列情形的，信用分值扣20分：

（一）登记备案条件弄虚作假的；

（二）评价活动中，存在重大违法、违规、违纪行为，构成违法的；

（三）评价活动中为第三方或个人谋取利益，情节特别严重的；

（四）评价工作中弄虚作假的，结果影响评价结论的；

（五）近3年内，评审员参与评价的企业发生了1起特别重大安全生产责任事故，且事故调查确定的直接原因在评价时已经存在，但评价中未识别或指出；

（六）故意泄露企业技术和商业秘密，或泄露企业技术和商业秘密造成严重后果的；

（七）被列入省部级以上黑名单的。

六、评价机构发生下列情形的，信用分值扣1分：

（一）逾期30日未提交年度工作报告；

（二）不按规定程序和要求开展评价活动的；

（三）内部档案管理制度不健全或重要考评记录文件缺失的（每缺失1件扣1分）；

（四）未按评价计划实施现场评价，但不影响评价过程的；

（五）允许不具备评价能力人员参与评价活动的；

（六）近3年内，评价机构所评价的企业有20%～30%发生一般等级以上安全生产责任事故。

七、评价机构发生下列情形的，信用分值扣5分：

（一）未按要求如实反映企业重大安全事故隐患或风险的；

（二）未及时向管理维护单位报备评价结果的；

（三）泄露企业技术和商业秘密的，未构成后果的；

（四）评价机构评价结果或年度核查不符合实际情况；

（五）利用评价活动，谋取其他利益的；

（六）近3年内，评价机构所评价的企业有30%～50%发生一般等级以上安全生产责任事故；

（七）近3年内，评价机构所评价的企业发生了1起较大安全生产责任事故，且事故调查确定的直接原因在评价时已经存在，但评价中未识别或指出。

八、评价机构发生下列情形的，信用分值扣10分：

（一）评价工作中隐瞒或应发现而未发现企业重大安全事故隐患或风险；

（二）泄露企业技术和商业秘密的，造成较轻后果的；

（三）分包转包评价工作的；

（四）利用评价活动，强制谋取其他利益的；

（五）评价活动的专业类型不符合本办法要求或超范

围评价的；

（六）评价机构或其法定代表人被主管部门通报批评的；

（七）近3年内，评价机构所评价的企业有50%以上发生一般安全生产责任事故；

（八）近3年内，评价机构所评价的企业发生1起重大安全生产责任事故，且事故调查确定的直接原因在评价时已经存在，但评价中未识别或指出。

九、评价机构发生下列情形的，信用分值扣20分：

（一）登记备案条件弄虚作假的；

（二）评价工作中弄虚作假，或应发现而未发现企业重大安全事故隐患或风险，导致隐患未消除或风险未得到有效控制，发生等级以上责任事故的；

（三）采取不正常竞争措施，严重影响市场秩序的；

（四）泄露企业技术和商业秘密的，造成严重后果的；

（五）评价机构相关条件低于首次备案条件，督办整改不合格的；

（六）近3年内，评价机构所评价的企业发生1起特别重大安全生产责任事故，且事故调查确定的直接原因在评价时已经存在，但评价中未识别或指出；

（七）评价机构或其法人被列入省部级以上黑名单的；

（八）按照有关法规、规定，应予以撤销的。

以上信用扣分细则，逐条逐次累计。交通运输部安委会办公室可根据安全生产信用体系建设和企业安全生产标准化建设情况适时调整。